HERMANN HESSE
A UNIDADE POR TRÁS DAS CONTRADIÇÕES

RELIGIÕES E MITOS

TRADUÇÃO DE ROBERTO RODRIGUES

HERMANN HESSE

A UNIDADE POR TRÁS DAS CONTRADIÇÕES

RELIGIÕES E MITOS

1ª EDIÇÃO

ORGANIZADO POR VOLKER MICHELS

EDITORA RECORD

RIO DE JANEIRO • SÃO PAULO

2022

EDITORA-EXECUTIVA
Renata Pettengill

SUBGERENTE EDITORIAL
Mariana Ferreira

ASSISTENTE EDITORIAL
Pedro de Lima

AUXILIAR EDITORIAL
Júlia Moreira

REVISÃO
Wendell Setúbal

CAPA
Leonardo Iaccarino

IMAGEM DE CAPA
xu wu / Getty Images

DIAGRAMAÇÃO
Myla Guimarães

TÍTULO ORIGINAL
Die Einheit hinter den Gegensätzen:
Religionen und Mythen

CIP-BRASIL. CATALOGAÇÃO NA PUBLICAÇÃO
SINDICATO NACIONAL DOS EDITORES DE LIVROS, RJ

H516u

Hesse, Hermann, 1877-1962
A unidade por trás das contradições: religiões e mitos / Hermann Hesse; tradução de Roberto Rodrigues. – 1a ed. – Rio de Janeiro: Record, 2022.

Tradução de: Die Einheit hinter den Gegensätzen: Religionen und Mythen

ISBN 978-65-5587-422-8

1. Religião – Miscelânea. 2. Vida espiritual. I. Rodrigues, Roberto. II. Título.

21-74448

CDD: 200(089.3)
CDU: 200

Camila Donis Hartmann – Bibliotecária – CRB-7/6472

Copyright © Suhrkamp Verlag Frankfurt am Main 1986

Texto revisado segundo o novo Acordo Ortográfico da Língua Portuguesa.

Todos os direitos reservados. Proibida a reprodução, no todo ou em parte, através de quaisquer meios. Os direitos morais do autor foram assegurados.

Direitos exclusivos de publicação em língua portuguesa somente para o Brasil adquiridos pela
EDITORA RECORD LTDA.
Rua Argentina, 171 – Rio de Janeiro, RJ – 20921-380 – Tel.: (21) 2585-2000, que se reserva a propriedade literária desta tradução.

Impresso no Brasil

ISBN 978-65-5587-422-8

Seja um leitor preferencial Record.
Cadastre-se no site www.record.com.br e receba informações sobre nossos lançamentos e nossas promoções.

Atendimento e venda direta ao leitor:
sac@record.com.br

EDITORA AFILIADA

Sobre a unidade

NÃO HÁ NADA NO MUNDO em que eu creia tanto quanto na unidade. Nada me é mais sagrado que a ideia de que o mundo como um todo é uma unidade divina e que todo sofrimento, tudo o que há de ruim, resulta apenas do fato de nós, indivíduos, não mais nos sentirmos parte indissolúvel desse todo, do Eu se julgar importante demais. Na minha vida, passei por diversos sofrimentos, cometi várias injustiças e causei muitos males e muitas tristezas, mas sempre consegui me libertar, esquecer e abandonar meu ego, sentir a unidade, reconhecer como ilusória a cisão entre o interior e o exterior, entre o Eu e o mundo, e, de olhos fechados, aderir docilmente à unidade. Nunca me foi fácil, pois não há quem tenha menos inclinação para santo que eu. No entanto, sempre deparei com aquele milagre ao qual os teólogos cristãos deram o nome de "graça", aquela experiência divina chamada reconciliação, a negação da resistência, a concordância voluntária, que nada mais é que a renúncia do Eu, para os cristãos, ou o reconhecimento da unidade, para os hindus. Ah, porém, agora lá estava eu, mais uma vez totalmente fora da unidade, e não estava sozinho.

Havia uma porção de gente cuja vida inteira se resumia em um combate, uma luta pela autoafirmação do Eu perante o meio, pessoas para as quais as ideias de unidade, amor e harmonia eram desconhecidas e talvez pudessem parecer estranhas, tolas e doentias, como se a prática religiosa mediana do ser humano moderno consistisse na adoração do ego e da sua luta. Todavia, somente aos ingênuos era dada a possibilidade de se sentir bem nesse contexto belicoso e egocêntrico, pois aos sábios, aqueles transformados pela dor, aqueles que se diferençavam na dor, a esses nunca foi permitido encontrar a felicidade em tais combates; para esses, a felicidade só era possível com a entrega do Eu, a consciência da unidade...

A unidade, aquela que venero por detrás da pluralidade, não é uma unidade enfadonha, terrível, imaginária ou teórica. É a própria vida, repleta de emoções, dores e sorrisos, a mesma vida revelada na dança do deus Shiva, que percorre o mundo em vasos e muitas outras imagens, dispensando qualquer esclarecimento ou comparação. Você pode entrar nela a qualquer hora. Ela lhe pertence, justo naquele instante em que você não dispõe de tempo, espaço ou conhecimento, quando você nada desconhece; quando você se liberta do convencional, quando, por amor e entrega a todos os deuses, você adere a todas as pessoas, a todos os mundos e a todas as épocas.

Fosse eu um músico, poderia, sem maiores dificuldades, compor uma melodia a duas vozes, uma melodia com duas linhas, duas fileiras de tons e notas que se correspondem, se completam e se digladiam, uma precisando da outra, e que, no entanto, em determinado ponto da pauta, encontram-se na mais íntima e intensa troca, guardando uma relação de reciprocidade. E cada pessoa que soubesse ler uma pauta seria capaz de interpretar minha dupla melodia, veria e ouviria sempre, em cada tom, o tom contrário, o irmão, o inimigo, o antípoda. E é exatamente isto, essa dualidade vocal, essa antítese que vaga eternamente, essa linha dupla, o que eu gostaria de exprimir com meu material, as palavras; mas em vão me esforço, e não consigo. Continuo tentando, e, se há algo que tensiona e pressiona meu trabalho, é tão somente a busca intensiva do impossível, a luta selvagem por algo inatingível. Eu queria encontrar uma expressão que definisse a dualidade, queria escrever frases e capítulos nos quais melodia e contramelodia fossem duradouras e igualmente visíveis, nos quais a pluralidade e a unidade sempre estivessem lado a lado, assim como a pilhéria e a seriedade. Pois a vida, para mim, consiste unicamente na flutuação entre dois polos, no ir e vir entre as duas colunas mestras do mundo. Encantado, eu gostaria de insistir na menção à bem-aventurada pluralidade do mundo, lembrando com a mesma insistência que esta pluralidade constitui a base de uma unidade. Persistente, gostaria de mostrar que a beleza e a fealdade, a luz e a escuridão, o sagrado e o profano são polos opostos somente por um breve instante, e estão sempre se transformando um no outro. No meu entender, as supremas palavras da humanidade são aquelas poucas que expressam, por meio de símbolos mágicos, esta dualidade; são aqueles poucos e misteriosos adágios e parábolas nos quais é possível reconhecer os contraditórios do mundo como necessidade e ilusão, ao mesmo tempo. O chinês Laozi formulou diversos desses adágios, nos quais os dois polos da vida parecem se tocar por uma fração de segundo. Esse mesmo milagre se revela mais nobre, mais simples e mais afetuoso ainda em muitas das palavras de Jesus. Não conheço, neste mundo, nada mais comovente que uma religião, uma doutrina, uma escola espiritual que fale durante séculos, cada vez mais sutil e energicamente, do bem e do mal, do certo e do errado, que imponha condições cada vez mais rígidas em termos de justiça e obediência, para culminar, enfim, com o mágico reconhecimento de que, perante Deus, noventa e nove justos valem menos que um pecador no momento da conversão!

Mas talvez seja um grande erro e até pecado meu acreditar que tenho o dever de proclamar essas máximas. No nosso mundo atual, a desgraça talvez consista justamente no fato de este elevado saber se encontrar à venda em todas as esquinas, de se pregar, em qualquer igreja estatal, ao lado da crença nas autoridades, na fortuna e na vaidade nacional, a fé no milagre de Jesus, de se poder comprar em qualquer loja o Novo Testamento, um recipiente contendo os mais preciosos e perigosos conhecimentos, que chega a ser distribuído gratuitamente por missionários. Seria melhor, quem sabe, se essas ideias e essas premonições inéditas, audaciosas e até assustadoras, tal como se observa em muitas preleções de Jesus, fossem cuidadosamente guardadas, cercadas por muralhas protetoras. Talvez fosse bom e desejável que um homem, para conhecer uma dessas poderosas mensagens, tivesse de se atrever a sacrificar muitos anos e a própria vida, assim como faz com outros e elevados valores. Se assim for (e muitas vezes acredito que assim é), podemos, então, dizer que o último dos romancistas é melhor e mais correto que o autor que se preocupa em escrever para a eternidade.

Este é meu dilema e meu problema. Muito se pode falar a respeito, mas não há solução. Jamais conseguirei unir os dois polos, jamais conseguirei transpor para o papel a duplicidade vocal da melodia da vida. Não obstante, cumprirei a misteriosa ordem que vem do meu interior e que me obriga a tentar, mais e mais. Esta é a mola que impulsiona meu reloginho.

Como é sabido, parte das antigas culturas e religiões orientais se baseia no remoto conceito de unidade. Nesse contexto, a multiformidade do mundo, o rico e policromo jogo da vida, com seus milhares de formas, se concentra na divindade Una, que constitui a base do jogo. No mundo aparente, as formas não são percebidas como vivas e necessárias em si mesmas, mas sim como um jogo, um jogo fugaz de imagens efêmeras, que, fluindo e refluindo ao sopro de Deus, parecem construir a totalidade do mundo, enquanto cada uma daquelas formas, o Eu e o Tu, o amigo e o inimigo, o homem e o animal, não passam de aparições momentâneas, simples encarnações passageiras do Uno ancestral, ao qual sempre retornam.

A este conhecimento da unidade — do qual os crentes e os sábios extraem a capacidade de perceber o sofrimento do mundo como algo inútil e passageiro e, almejando a unidade, dele se libertar — corresponde um polo oposto, o pensamento contrário, ou seja, de que, a despeito de toda a unidade do outro lado, deste lado só podemos perceber a vida sob formas estranhamente justapostas. Apesar de toda a unidade, e tão logo se adote este segundo ponto de vista, vê-se que o homem é mesmo homem, e não animal, que uns são bons e outros são maus, e que toda a colorida e complexa realidade está de fato presente.

Para os pensadores asiáticos, mestres da síntese, exercitar a reflexão alternada dos contraditórios, concordando com ambos, é um jogo espiritual corriqueiro, cultivado até a perfeição. Desta prática advém o cenário que a seguir descrevo.

Imaginemos que dois sábios ou monges budistas estejam realizando um encontro espiritual. Sentados lado a lado, dizem, numa linguagem simbólica, que a chamada realidade é uma ilusão, que tudo o que vemos é apenas aparência, que todas as formas são falsas e que todas as contradições nada mais são que um produto da míope fantasia humana. Libertando-se totalmente do mundo que os cerca e no qual eles sofrem, concentram-se nas ideias de unidade daquele outro lado, daquela eterna vida divina. Quando se dão por satisfeitos, é possível que um deles, após sorrir e se calar, entoe um provérbio: "O pasto é verde, a rosa é vermelha e o corvo faz crá-crá."

Esta frase elementar, imediatamente compreendida por qualquer dos presentes, significa simplesmente o seguinte: "Está bem, é certo que o mundo que vemos não passa de uma farsa, e que, na realidade, não existe pasto, rosa ou corvo, mas apenas Uma só e eterna divindade; para nós, entretanto, que somos transitórios e vivemos na transitoriedade, o transitório é também realidade, a rosa é vermelha e o corvo faz crá-crá."

Assim, o ponto de vista segundo o qual a rosa é uma rosa, o homem um homem e o corvo um corvo, segundo o qual os limites e as formas da realidade são dados concretos e sagrados, é o ponto de vista clássico, que reconhece as formas e as propriedades das coisas, admite a experiência, procura e encontra a ordem, a forma e a lei.

O outro ponto de vista, contrário, que só vê aparência e inconstância na realidade, para o qual a diferença entre vegetal e animal ou homem e mulher é altamente duvidosa, que está pronto, a qualquer momento, para suprimir todas as formas, deixando que se sobreponham umas às outras, é o ponto de vista romântico.

Como visão universal, filosofia e base para o posicionamento espiritual, qualquer desses pontos de vista é tão bom quanto o outro, não havendo o que contestar. A vertente clássica enfatiza limites e leis, reconhece e ajuda a encontrar a tradição, enquanto se esforça para esgotar e eternizar o momento presente. A vertente romântica repele as leis e as formas, venera as origens da vida, troca a crítica pela devoção e o intelecto pela submersão, enquanto se completa à custa de objetivos extemporâneos e da ânsia de retornar à divindade Una, da mesma forma que a individualidade clássica se satisfaz no desejo de transformar o transitório em permanente...

O mundo precisa de ambas, e cada qual pode completar e corrigir a outra milhares de vezes.

CONSIDERO O IDEAL DE UMA unidade universal não apenas um belo sonho de algumas boas almas mas também uma vivência espiritual e, portanto, o que de mais real pode existir. Esta ideia também serve de base para todos os nossos sentimentos e pensamentos religiosos. Toda religião evoluída e viável, assim como toda visão de mundo estética e criativa, tem como um de seus primeiros princípios a convicção da dignidade e da destinação espiritual do ser humano, pura e simplesmente do ser humano. A sabedoria do chinês Laozi, a de Jesus ou a do hindu Bagavad Gita se refere da mesma forma à comunhão dos alicerces espirituais através das gerações, como ocorre na arte de todos os tempos e povos. Em sua santidade, em sua disposição para amar, em sua capacidade de sofrer e em sua ânsia por libertação, a alma humana nos contempla a partir de cada ideal, de cada ato de amor, seja em Platão ou Tolstói, em Buda ou santo Agostinho, em Goethe ou nas *Mil e uma noites*. Ninguém deve ser excluído. Cristianismo, taoismo, platonismo e budismo teriam de se unir, ou então da fusão de todas as correntes de pensamento, separadas por imposição do tempo, das raças, dos climas e da história, haveria de surgir um ideal filosófico. Cristo seria Cristo e o chinês seria chinês, cada qual zelando pela sua arte de ser e pensar. A consciência de que todos nós somos partes separadas do Uno eterno não torna dispensável *um* caminho, *um* desvio ou sequer um único ato ou sofrimento em todo o mundo. A consciência da minha determinação também não me liberta! Em vez disso, me faz modesto, tolerante e benévolo, pois me obriga a igualmente perceber, respeitar e valorizar a determinação do próximo.

PARA MIM, CRIADO NA FÉ cristã e protestante, mas depois educado na Índia e na China, a bipartição do mundo e das pessoas não está presente nos pares de opostos. No meu entender, a unidade por detrás e acima dos opostos é um dogma, antes de qualquer coisa. Evidentemente, não descarto a possibilidade de classificar tais esquemas em "ativos" e "contemplativos", assim como não nego a utilidade de julgar as pessoas em função desta tipicidade doutrinária. Há ativos e contemplativos. Por detrás deles, porém, encontra-se a unidade, e, para mim, o ser realmente vivo e na melhor das hipóteses exemplar é aquele que traz em si os dois opostos. Nada tenho contra os que trabalham e produzem sem descanso, tampouco contra os eremitas que contemplam o próprio umbigo, mas não posso dizer que sejam interessantes ou mesmo exemplares. O ser humano que procuro e almejo é aquele capaz de viver tanto em comunidade quanto na solidão, é o que se dispõe tanto à ação quanto à submersão. E quando, nos meus textos, ao que parece (pois não consigo me observar a distância), dou preferência à vida contemplativa em detrimento da ativa, talvez seja porque enxergue nosso mundo e nosso tempo repletos de pessoas competentes, habilidosas e diligentes, porém incapazes para a contemplação. Em tempos idos, eu chamava de ocidental esse tipo unilateral voltado para o ativo, porém, já faz muito tempo que o Oriente também "despertou", tornando-se ativo...

O FATO DE BEM E mal, belo e feio, assim como todos os demais pares de opostos, poderem se fundir na unidade é uma realidade esotérica, oculta e acessível aos iniciados (embora frequentemente a eles também escape), mas nunca exotérica, por todos compreensível e assimilável. É como a sabedoria de Laozi, quando despreza os virtuosos e as boas obras (a gente pensa, também, no jovem Lutero). Mas até mesmo Laozi teria muito cuidado para revelar ao povo esta sabedoria.

É NOSSA TAREFA COOPERAR COM O desenvolvimento de ideias supranacionais e pensamentos voltados para a unidade da humanidade e sua cultura, oferecendo resistência ao nacionalismo, aquele orgulho tolo e próprio do patriotismo e da megalomania do alemão e do norte-americano médios, entre outros, e vice-versa, quanto se trata dos ressentimentos contra nações inteiras, guardados em nossos próprios corações. Nós, intelectuais, temos o dever, a despeito de todas as convenções e rolos compressores, de exercitar a diferenciação, e não a generalização.

EM UM BOM PARLAMENTO, SITUAÇÃO e oposição não podem jamais esquecer, em seus confrontos diários, que ambas servem a um mesmo fim, que são irmãs em conflito, mas sobretudo irmãs.

Confissão

AOS TEUS JOGOS, BELA APARÊNCIA,
Vejo-me, dócil, a ceder;
Outros têm fins e referência,
A mim, já basta viver.

Metáforas parece haver
Em tudo o que me vem à mente,
Do eterno e indizível ser,
Que sempre vejo latente.

Ler tais imagens é ciência
Que dá à vida valor e fim,
Pois sei que o perene, a essência,
Residem dentro de mim.

A religião dos antigos egípcios

A IMPORTANTE COLETÂNEA *RELIGIÖSE STIMMEN der Völker* [Vozes religiosas dos povos] acaba de incorporar um extenso volume intitulado *Urkunden zur Religion des alten Ägypten* [Documentos sobre a religião dos antigos egípcios], organizado por Günther Roeder. Excetuando os especialistas, este valioso adendo será interessante e atrativo sobretudo para aqueles que, passando ao largo da velha cultura egípcia, se dedicam à alma do Egito Antigo. Também enveredei por este caminho, e, cada vez que identifico e volto a descobrir inúmeros traços característicos da arte egípcia em documentos religiosos do mesmo povo, sou obrigado a confessar que as impressões desse mundo não são tão distantes, em vigor e proporções, quanto aquelas transmitidas pelos escultores egípcios. Contudo, sou grato pela oportunidade que tive de conhecer razoavelmente, pelas mãos de um excelente guia, aquele mundo um pouco mais sombrio. Além do mais, sinto-me na obrigação de agradecer a Roeder pelas belas traduções e pela introdução cuidadosa, clara e inteligente.

Quando ouvimos falar de religião ou mitologia egípcia, determinadas imagens, ainda que não muito nítidas, logo vêm a nossa mente. Pensamos, a princípio, no que sabemos sobre as obras e as esculturas egípcias, em pirâmides, templos, arcadas, mausoléus e sarcófagos. Depois, nos lembramos um pouco daquele Egito teatral de velhas tradições românticas, tal como o vimos em *A flauta mágica*, na *Aida* e nos romances épicos. Para os leigos instruídos, os nomes Ísis e Osíris estão associados, desde Mozart, à ideia de um humanismo levemente arcaico e com traços maçônicos. Vagamente, nos ocorre também que, hoje em dia, uma sórdida e popular literatura pornográfica vez por outra se enfeita com símbolos egípcios, e que, como há séculos, ainda existe hoje sobretudo o chamado *ägyptischen Traumbücher* [Livro dos sonhos egípcio].

Se sabemos tão pouco sobre a realidade do Egito Antigo, enquanto conhecemos relativamente bem outras culturas, como as do Leste Asiático, isto decorre, em parte, do fato de que a ciência tardou a decifrar os hieróglifos. Durante muito tempo, esta área de entretenimento permaneceu quase deserta, habitada apenas por fantásticas suposições e românticas fantasias. Somente nos nossos dias a documentação referente à fé e ao pensamento dos antigos egípcios veio a ser não apenas descoberta e difundida em larga escala como também pesquisada e interpretada de forma crítica. Hoje, no lugar da tradicional fantasia, existe uma verdadeira ciência que trata da história religiosa egípcia e que, embora cheia de mistérios, possui alicerces e referências, seguindo com firmeza os passos de uma metodologia analítica.

O excelente livro de Roeder é certamente o primeiro que permite ao leigo estabelecer com as fontes um contato dos mais ricos e confiáveis. Naqueles documentos, há textos magníficos e emocionantes, provenientes, na maioria das vezes, de inscrições feitas em pirâmides, templos, túmulos e lápides. Não faltam o poético e o patético, bem como a onipresença da ternura humana. Em tudo e por tudo, no entanto, não falta aquilo que nos é apresentado como religião egípcia, infinitamente distante dos mistérios que nós, herdeiros de ideias propagadas ao longo dos tempos, julgávamos conhecer. Em verdade, a antiga e clássica religião egípcia é rica em mitos individuais; em sua concepção global, todavia, é extremamente modesta, para não dizer pobre. A religião oficial se apresenta como um segmento do organismo estatal, parecendo se destinar unicamente ao faraó e aos sacerdotes. Vista como confluência de mitos locais de tempos remotos, a antiga religião egípcia pouco difere das crenças primitivas, limitando-se a conformar as entidades mitológicas, em cujas origens vamos encontrar o Sol e a Noite, a Tempestade e outras experiências ou visões. Com o progresso na cultura do solo, o politeísmo adquire um caráter peculiar, no qual o Nilo, com suas cheias periódicas, assume infinita importância. A este cenário se soma o aspecto político, o culto ao faraó, efetivamente a razão principal da existência de templos e deuses.

O faraó era a única pessoa que podia falar com os deuses, dirigir-lhes orações e lhes dedicar monumentos e inscrições; deles descendia e, ao morrer, também se tornaria um deus. Os sacerdotes reinavam sobre o Estado. Do povo, nada se sabe. Nesta rígida religião estatal, não havia lugar para as ideias de coletividade humana, alma e ânsia por libertação! Tais pensamentos só foram surgindo pouco a pouco, tardios e acanhados, mas nunca oficialmente reconhecidos. Assim, somos levados a crer que, ao lado da religião faraônica, o povo egípcio teria cultuado uma religião não escrita, casual e inocente, baseada na experiência e nas necessidades da alma. Desta camada inferior atuante, porém, jamais brotaram ideias capazes de influir decisivamente no campo dogmático. Esta religião dura como pedra carecia de vida, de santidade, de personalidades e reformadores. Em contrapartida, determinados fundamentos e práticas ritualísticas ascenderam, à custa da repetição constante, à condição de poderosas e altamente patéticas formas de expressão.

No princípio, o Sol e uma série de outras divindades afins ocupavam o primeiro lugar na crença dos egípcios. Mais tarde, o rei Amenófis IV, a rigor o único reformador de peso em toda a história religiosa egípcia, aboliu oficialmente o politeísmo (que, obviamente, continuou a existir na crença popular), concentrando todo o culto em uma só divindade, o Sol. Os hinos consagrados a este novo Deus Sol pertencem ao que de mais grandioso se pode encontrar nos documentos religiosos da Antiguidade egípcia:

"Rendamos graças a Rá, ao Deus de todos os deuses, ao Príncipe que criou as divindades. Adoremo-Lo em sua bela figura, ao surgir na Barca de Manzet: Tu és venerado pelos superiores, Tu és venerado pelos inferiores. Teu inimigo entregou-se ao fogo e teus opositores se prostraram, pois suas pernas estão acorrentadas e Rá amarrou seus braços. Os deuses se rejubilam quando Rá aparece, banhando os campos com seus raios. Em sua majestade, o venerável Deus segue adiante e une-se à Terra nas montanhas do poente, nascendo todos os dias ao atingir o lugar que ontem ocupava."

Além de Rá, o Deus Sol também conhecido como Amon, entre outros nomes, adorava-se Osíris, o senhor do Reino dos Mortos. A lembrança da morte, o medo da morte e o desejo de superar, esquecer ou seduzir a morte ressurgem a todo o momento na fé egípcia. As pessoas se apegavam à vida com incrível fervor, possuindo uma enorme quantidade de feitiços e amuletos para protegê-las — primeiro, deste lado da existência; depois, no Mundo das Sombras, onde acreditavam que continuariam a viver e desfrutar novas amizades. O corpo de um morto era alvo dos maiores cuidados; resistindo aos séculos, muitos deles se mantêm até hoje. Extraordinária é a visão do Juízo dos Mortos, onde as almas dos que partiram tinham de prestar contas perante 42 juízes. Mais notável ainda, no entanto, é o fato de que todos tinham consciência das piores hipóteses, do castigo, do inferno e da condenação eterna, porém, desconfiados, silenciavam a esse respeito. Nos textos, o Juízo dos Mortos é citado com frequência, mas a entidade é sempre vencida com o emprego de magias e algum tipo de proteção. Não há nenhuma menção direta ao que acontecia com os reprovados, os pecadores e os justiçados; simplesmente evita-se falar no assunto, numa posição que traduz o infinito, profundo e mórbido temor pela morte. Em compensação, o morto é entusiasticamente equipado com tudo de que poderá necessitar no Reino das Sombras, como alimentos, utensílios e joias, além de fórmulas mágicas, proferidas e inscritas, que o protegerão em sua outra vida. Do outro lado, a vida é muito parecida com a terrena, os campos onde o trigo é plantado constituem "dádivas"; a única diferença é que, independentemente da absolvição no Juízo dos Mortos, as pessoas continuam sendo ameaçadas por demônios, que, portando facas, andam à espreita detrás das portas e só podem ser evitados mediante o conhecimento de fórmulas eficazes. A literatura egípcia é farta dessas magias e orações.

Neste cenário caracterizado pela enorme preponderância da crença no outro lado e do temor pela morte, um outro aspecto a ser esclarecido é a grande atenção dispensada pelos egípcios aos seus túmulos. Na época dos faraós, a construção e o equipamento de uma pirâmide para o rei tomavam muitos anos e consumiam dinheiro, mão de obra e planejamento em proporções que nos parecem fantásticas. Ser sepultado na terra natal ou nas proximidades de um local sagrado era a maior preocupação de qualquer egípcio, que, para tanto, dispunha toda a sua fortuna.

É comovente ver como os epitáfios e as preces de cunho popular apresentam, aqui e acolá, detalhes que transcendem a religião oficial, laivos de arrependimento e confissão, anseios por indulgência e salvação. Neles se vê como até mesmo em uma religião absolutamente fechada os mais íntimos anseios e preocupações da alma buscam seus direitos e seguem seu angustiante caminho. Neles se percebe, por mais estranha, sectária e diferente que nos possa parecer a crença dos egípcios, a comunhão, aquele nível da vida espiritual comum, por pior que seja, a todos os homens.

De uma coleção de esculturas egípcias

COM OLHOS DE PEDRAS PRECIOSAS,
Olhas, mudo e eterno,
Por sobre nós, irmãos mais novos.
Teu rosto sereno e cintilante
Parece não conhecer nem amor, nem desejos.
Majestoso e irmanado aos astros,
Caminhaste outrora, incompreendido,
Por entre templos,
Santidade a pairar, como o distante sopro divino
Que ainda hoje circunda a tua fronte e
A dignidade que envolve os teus pés;
Tua beleza respira tranquila,

Sua morada é a eternidade.
Mas nós, teus irmãos mais novos,
Vagamos como ateus em uma vida perdida;
Nossa alma trêmula se abre com avidez,
À espera de todos os martírios da paixão.
Nosso objetivo é a morte,
E nossa crença é efêmera,
Não muito longe no tempo,
Apesar das nossas feições suplicantes.
No entanto, também trazemos
A marca oculta do parentesco espiritual,
Ardendo na alma,
Pressentimos os deuses e sentimos por ti,
Imagem silenciosa do passado distante,
Um intrépido amor. Vê, pois,
Que para nós não há ser odioso, nem mesmo a morte;
Sofrimento e morte
Não assustam nossa alma,
Porque aprendemos a amar intensamente!
Nosso coração pertence aos pássaros,
Aos mares e às florestas, e chamamos
De irmãos os escravos e os miseráveis,
Dando nomes carinhosos também a pedras e animais.
Destarte, as imagens dos seres que fomos
Não sobreviverão a nós na pedra nua;
Sorrindo, desaparecerão,
E na volátil poeira do Sol,
Impacientes e eternas ressurgirão,
A cada hora em novas alegrias e novos sofrimentos.

A lenda do rei hindu

NA ANTIGA ÍNDIA DO TEMPO dos deuses, séculos antes do surgimento de Gautama Buda, o Iluminado, um novo rei dos brâmanes foi coroado. O jovem monarca desfrutava da amizade e dos conhecimentos de dois sábios, que o ensinavam a se purificar pelo jejum, a submeter seu temperamento agitado à própria vontade e a preparar sua mente para a compreensão do Uno-Universo.

Isto aconteceu justamente na época em que havia, entre os brâmanes, uma acirrada discussão em torno das qualidades e das prerrogativas dos deuses, do relacionamento de um determinado deus com os demais e de todos eles com o Uno-Universo. Diversos pensadores começaram a negar a existência de quaisquer divindades, só querendo admitir os nomes dos vários deuses como denominações de partes visíveis do Uno invisível. Outros, que contestavam veementemente esta concepção, insistiam nas antigas entidades, com seus nomes e imagens, não reconhecendo no próprio Uno-Universo algo de palpável, mas sim e tão somente um nome para o conjunto de todos os deuses. De forma análoga, as palavras sagradas contidas nos hinos eram vistas por uns como inventadas e mutáveis; por outros, como arquétipos simplesmente imutáveis. Nesta e em todas as demais áreas do saber hagiológico, o desejo de alcançar a derradeira verdade se traduzia em dúvidas e desavenças quanto ao que seria propriamente um espírito ou apenas um nome, embora alguns também rejeitassem esta distinção, considerando que espírito e palavra, criatura e metáfora eram unidades inseparáveis. Cerca de dois séculos depois, as mais ilustres mentes medievais do Ocidente viriam a discordar em aspectos quase idênticos. E tanto aqui quanto lá, ao lado de pensadores sérios e opositores abnegados, havia uma grande quantidade de padres balofos que, sem alma e sem fervor, simplesmente se dedicavam a impedir que uma fraqueza qualquer comprometesse a visão de sacrifício e sacerdócio e que a liberdade de pensamento e a liberdade de crença levassem à diminuição do poder e dos rendimentos do clero. Não era pouco o que sugavam do povo; quem tinha um filho ou uma vaca doente era obrigado a receber os padres em casa durante dias e semanas, podendo perder, em oferendas, tudo o que possuía de valor.

Quanto à derradeira verdade, também havia discordância entre aqueles dois brâmanes cujas aulas particulares deleitavam o rei ávido de conhecimentos. Como ambos tivessem fama de possuir extraordinária sabedoria, o rei muitas vezes se afligia diante das divergências e frequentemente dizia consigo: "Se esses sábios não conseguem chegar a um consenso quanto à verdade, como poderei eu, muito menos culto, algum dia me tornar um sábio? Não duvido que possa haver apenas uma só e indivisível verdade; contudo, me parece impossível, para os brâmanes, reconhecê-la com segurança."

Seus dois mestres, todavia, quando indagados a respeito, respondiam-lhe apenas o seguinte: "Muitos são os caminhos, mas o objetivo é um só. Jejua, extingue de teu coração as paixões, recita os versos sagrados e sobre eles medita."

Dócil, o rei fazia tudo o que lhe diziam, conseguindo grandes progressos intelectuais, embora sem atingir o objetivo e sem ver a derradeira verdade. Enquanto vencia as paixões da carne, rejeitava toda cobiça ou prazer material e comia e bebia apenas o necessário — diariamente, uma banana e alguns grãos de arroz —, purificava seu corpo e seu espírito, ficando em condições de canalizar todo o seu entusiasmo, toda a sua energia e toda a ânsia de sua alma unicamente na direção do objetivo final. As palavras sagradas, que no princípio lhe soavam tristes e vazias, agora lhe revelavam a exuberância da sua magia, concedendo-lhe a paz interior e fazendo-o arrebatar, nos duelos e nos exercícios de inteligência, um troféu após o outro. A chave do derradeiro segredo, do enigma de toda a existência, entretanto, ele não encontrava, e, por isso, continuou angustiado.

E foi então que decidiu se mortificar em um grande exercício. Trancado durante quarenta dias nos seus mais íntimos aposentos, não comeu uma migalha sequer, dormindo nu, sem coberta ou travesseiro, ao rés do chão. Seu corpo magro recendia a castidade, seu rosto abatido emitia um brilho interior e seus olhos, irradiando pureza, causavam vergonha aos dos brâmanes. Ao fim dos quarenta dias, ele convidou todos os brâmanes para virem ao pátio do templo e testarem, na solução de problemas difíceis, sua inteligência; para os vencedores, o prêmio estipulado consistia em vacas brancas, enfeitadas com diademas de ouro.

Os padres e os sábios vieram, sentaram-se e logo a seguir deram início ao debate de ideias e palavras. Passo a passo, demonstraram a perfeita harmonia entre os mundos material e espiritual, aguçaram todos os sentidos na explicação de estrofes sagradas e discorreram sobre Atmã e Brama. Compararam o ser primitivo centímano ao vento, ao fogo, à água, ao sal dissolvido na água e à união entre homem e mulher. Inventaram analogias e imagens de Brama, que criava deuses mais poderosos que o próprio Brama, e estabeleceram a diferença entre o Brama criador e aquele no qual se inseria a criatura, tentando compará-la a si próprios. Brilhantemente, discutiram sobre se Atmã seria mais antigo que seu próprio nome, se seu nome representaria sua essência ou seria desta uma criação.

A todo momento, o rei se levantava e punha os sábios à prova com novas perguntas. Quanto mais respostas e explicações os brâmanes davam, mais solitário e confuso se sentia o rei entre eles. E, quanto mais perguntava, mais acenava com a cabeça concordando com as respostas e mais presentes distribuía aos mais engenhosos, tanto mais ele sentia os ardentes anseios pela própria verdade. Esta, como ele bem sabia, ia sendo contornada por todos os discursos e análises, mas nunca tocada, pois no círculo mais interno ninguém penetrava. E, enquanto ele indagava e distribuía presentes, ocorreu-lhe que parecia uma criança que se entrega a uma brincadeira com outras crianças, uma brincadeira infantil, da qual os adultos riem.

No meio daquele grande congresso, o rei foi se fechando cada vez mais em si mesmo. Obliterando todos os seus sentidos, passou a dirigir seu ardente desejo unicamente para a verdade, que ele sabia estar presente em qualquer daqueles dorminhocos, incluindo ele, o rei. Como estivesse interiormente puro e sem máculas, mais e mais descobria em si mesmo a saciedade e a luz, e, quanto mais fundo mergulhava, tanto maior a claridade a sua frente, como alguém que caminha no interior de uma caverna e percebe cada vez mais, passo a passo, a aproximação da reluzente saída.

Enquanto isso, os brâmanes continuaram falando e discutindo por muito tempo ainda, sem perceber que o rei ficara mudo e surdo. Inflamados, suas vozes se tornaram altas e potentes, enquanto alguns invejavam as vacas que outros haviam recebido de presente.

Até que alguém finalmente deu conta do introverso e, calando-se, para ele apontou o dedo estendido. O vizinho também se calou e fez o mesmo, seguido por outro e mais outro, de tal forma que, apesar de ainda se ouvir ao fundo o murmúrio de alguns grupos, todo o restante do recinto manteve um silêncio absoluto. Pouco depois, estavam todos calados e sentados, olhando para o rei. Este, sentado em postura ereta, tinha o olhar no infinito, e seu semblante reluzia, frio e luminoso, como um astro. E todos os brâmanes se curvaram diante do transfigurado, reconhecendo que nada mais tinham feito além de uma brincadeira infantil, enquanto ali, naquela figura majestática, o próprio Deus, a síntese de todos os deuses, se hospedara.

Porém, o rei, cujos sentidos haviam se fundido com a Unidade e se voltado para seu interior, contemplava a verdade em si mesma, a verdade indivisível que nele penetrara com suave certeza, como luz pura, como o raio de sol que atravessa uma pedra preciosa, para transformá-lo em luz e Sol, nele reunindo a criatura e o criador.

E, quando ele despertou e olhou ao redor, seus olhos sorriram e sua fronte brilhou como uma estrela. Despindo sua túnica, o rei abandonou o templo, a cidade e seu reino, indo, nu, em direção à floresta, onde para sempre desapareceu.

Os conhecimentos podem ser transmitidos, mas nunca a sabedoria. Podemos achá-la; podemos vivê-la; podemos consentir em que ela nos norteie; podemos fazer milagres através dela. Mas não nos é dado pronunciá-la e ensiná-la.

As palavras não fazem bem ao sentimento oculto. O que é sempre igual se torna um pouco diferente quando expresso em palavras, um tanto falso, um tanto tolo. Sim, e até isto é muito bom, me agrada bastante. Também concordo plenamente com o fato de que tudo o que para alguns é riqueza e sabedoria para outros soa sempre como tolice.

Quando alguém procura algo, pode facilmente acontecer que seus olhos só não vejam a coisa que procura, que não consiga encontrar ou assimilar nada, porque só pensa no objeto procurado, porque tem um objetivo e está por ele possuído. Procurar significa ter um objetivo. Encontrar, porém, significa ser livre, estar aberto, não ter objetivo.

Aquele que vivia realmente procurando e queria de fato encontrar não era capaz de aceitar ensinamento algum. O que havia encontrado, no entanto, aprovava todo e qualquer ensinamento, caminho ou objetivo; nada mais o separava dos milhares de outros que viviam na eternidade e que respiraram a divindade.

Da Índia e sobre a Índia

A ocupação e o estreito relacionamento do intelecto alemão com o hindi têm pouco mais de cem anos, encontrando em

Schopenhauer sua mais famosa expressão, nas traduções de Neumann, sua mais amada realização, e em Deussen e Oldenberg, seus mais notáveis eruditos. Nos tempos modernos, enfim, tornou-se um modismo que logo desapareceu, como não poderia deixar de acontecer. Hoje, a Ásia Oriental e sobretudo a Índia ainda exercem poderosa atração sobre os poucos iniciados, entre os quais o profundo interesse intelectual estranhamente se confunde com o inocente prazer pelo exótico e a lasciva busca por novas sensações.

Não obstante, o genuíno conhecimento sobre a Índia e a literatura correlata se cingiam, até bem pouco tempo, a uma área bastante reduzida. Alguns anos antes, as artes plásticas e os grandes cultos populares hindus nos eram quase que totalmente desconhecidos, enquanto abundava, ainda que apenas em segmentos específicos, a literatura acerca da Índia "espiritual". Cem anos atrás, os ensinamentos de Buda já despertavam grande interesse, e a maioria dos europeus ainda tinha, há cerca de vinte anos, plena convicção de que os povos hindus eram todos budistas, embora, na realidade, o efetivo de budistas remanescentes na Índia propriamente dita fosse infinitamente pequeno. Somente há pouco tempo a pesquisa e a literatura se voltaram para aquela outra Índia, diante da qual Goethe outrora se mostrara tão reservado. Nesses termos, e com base na mais recente literatura da e sobre a Índia, o presente ensaio se propõe a comentar uma seleção das mais importantes publicações.

Para a Índia budista, as traduções de Karl Neumann dos textos de Buda, mais precisamente a *mittleren Sammlung* [Coleção média] dos sermões, continuam sendo as mais importantes obras. Contudo, há muito foram desprezados o conhecimento e a tradução dos demais documentos religiosos hindus de vulto.

Durante décadas, os *Sechzig Upanishads* [Sessenta upanixades] de Deussen constituíram a única parte desse inesgotável tesouro disponível no idioma alemão. Isto mudou, e assim como a Editora Diederichs, de Jena, decuplicou nosso conhecimento acerca da China espiritual com a publicação das traduções de Wilhelm, sua coleção *Die Religion des alten Indien* [A religião da antiga Índia], preparada por Walter Otto, também nos possibilitou a leitura e o estudo de obras magistrais até então acessíveis somente aos orientalistas. Para mim, o mais belo dentre todos esses livros de Otto intitula-se *Aus Brahmanas und Upanishaden* [De brâmanes e upanixades], coletânea e tradução primorosas de textos indianos escolhidos oriundos da época áurea do antigo pensamento hindu, cuja herança vamos encontrar em Buda. Esta coleção inclui também o Bagavad Gita, traduzido para o alemão por L. v. Schroeder (seu livro sobre a Índia, editado nos anos 1880, ainda constitui obra de referência), cujos dois volumes pertencem ao mundo do budismo: *Thamma-Worte* [As palavras de Thama] (o antigo *Thammapada*, uma coletânea de cantos e parábolas budístico-ascéticas dos tempos mais remotos do budismo, cuja autoria, segundo a lenda, remonta ao próprio Buda e seus primeiros discípulos) e *Buddhas Wandel* [A transformação de Buda], o belo e entusiástico poema do Acvagosha. Mais tarde, H. W. Schomerus acrescentou a essa coleção os dois volumes dos *Texte zur Gottesmystik des Hinduismus* [Textos sobre a mística dos deuses do hinduísmo], que passaram a constituir, graças à amplitude e à grandiosidade do seu conteúdo, uma grande experiência para todos os amantes da pesquisa no campo da espiritualidade hindu. Essa obra descreve, sobretudo, os cânticos e as lendas do culto a Shiva, nos quais a ternura, a profundidade e a expressividade muito os aproximam dos mais belos upanixades.

A biblioteca sobre religiosidade indiana organizada por Otto é hoje indispensável a todos que, embora não dominando as antigas línguas hindus, desejem se aproximar do mundo florescente, devoto e ávido por redenção formado pela Índia Antiga. Quem se entrega a essa leitura corre o perigo de não conseguir dela se libertar, pois a nova Europa nada mais possui que ainda possa acorrentar os que se deixam arrastar pelo ardor e o ímpeto desta admiravelmente vívida devoção. Poucos, entretanto, serão os seduzidos por aquele perigo, uma vez que o ingresso neste mundo exige uma dose de sacrifício muito superior àquela que os leitores de hoje, via de regra, estão dispostos a suportar.

Antiquíssima imagem de Buda em decomposição nas encostas de uma floresta japonesa

SERENAS E ABATIDAS, VERDES DE MUSGO,
Por muitas chuvas e geadas vitimadas,
Tuas suaves feições e grandes pálpebras caídas
Voltam-se, imóveis, para o teu objetivo,
Para a dócil decadência e a abstração
No meio do Universo, no Infinito amorfo.
Ainda anunciam os gestos desfeitos
De nobreza tua mensagem real,
Buscando agora no relento, no lodo e na terra,

Livre das formas, sua perfeição espiritual,
Que amanhã será raiz e ruído de folhas secas,
Que será água a espelhar a pureza do céu,
Que se retorcerá como a hera, as algas e os fetos —
Imagem de toda a transformação em eterna Unidade.

ASSIM COMO A POESIA, AS religiões e os mitos são tentativas da humanidade no sentido de expressar, por meio de imagens, o indizível, aquilo que não consegue traduzir em algo racional.

RETROAGINDO NO TEMPO, VÊ-SE CLARAMENTE que, em termos espirituais e perenes, tivemos, ao longo dos séculos, muito poucos "progressos" nas obras de grandes intelectuais, nas bíblias e nas concepções filosóficas, e que as mesmas verdades se repetem, sob diferentes nuanças, desde a antiga Índia até são Tomás de Aquino ou Ekkehart. Sem embargo, servem apenas aos sábios, mas não ao mundo e às massas. Os sábios constituem sempre a minoria, porém, é possível que necessitem do povo que os cerca e oculta tanto quanto o povo deles necessita.

MESA, CADEIRA, PÃO, VINHO, PAI e mãe são coisas que se encontram em qualquer lugar, mas cada qual tem seu nome, conforme o povo e a cultura. O mesmo acontece com deuses, religiosidade e fé. Gregos e persas, hindus e chineses, cristãos e budistas, todos pensam e creem como nós, esperam e desejam a mesma coisa, mas apenas a chamam por nomes diferentes daqueles que usamos. No pensamento político das pessoas evoluídas, nacionalismo é algo retrógrado, ultrapassado; tratando-se de religiões, o que ainda reina por toda parte é a crença infantil na individualidade da própria fé. A ciência, entretanto, há muito já percebeu a igualdade entre todas as crenças do mundo, e a pesquisa religiosa não admite mais uma religião que detenha o privilégio da bem-aventurança.

Robert Aghion

No DECORRER DO SÉCULO XVIII, surgiu na Grã-Bretanha uma nova forma de cristianismo e atividade cristã, que, de uma minúscula raiz, rapidamente se transformou na frondosa e exótica árvore que hoje qualquer um conhece pelo nome de missão evangélica pagã.

À primeira vista, só não faltavam ao movimento missionário protestante iniciado na Inglaterra motivos e oportunidade. Com o advento da gloriosa época dos grandes descobrimentos, o homem vasculhara e conquistara tudo o que havia sobre a Terra, fazendo com que a curiosidade científica pelo aspecto de longínquas ilhas ou montanhas e o heroísmo próprio dos navegantes e aventureiros adotassem, por toda parte, uma nova e moderna concepção, segundo a qual, nas exóticas regiões descobertas, o interesse não mais se voltava para animais raros e românticos coqueirais, mas sim para a pimenta e o açúcar, a seda e as peles, o arroz e a tapioca, ou seja, para as coisas com as quais o comércio mundial fazia fortuna. Nesse contexto, as pessoas frequentemente se mostravam parciais e impetuosas, esquecendo e violando muitas das normas vigentes na Europa cristã. Lá fora, multidões de nativos assustados eram perseguidas e abatidas como animais selvagens; na América, na África e na Índia, o cristão europeu instruído se portava como a raposa que invade o galinheiro. Ainda que se encarasse o assunto *grosso modo*, a roubalheira era de fato geral, escancarada e indecorosa. Entre os movidos pela vergonha e pela indignação, na terra natal, encontrava-se também o movimento missionário, alicerçado no edificante propósito de enviar da Europa aos povos pagãos algo diferente, melhor e mais digno que simplesmente pólvora e aguardente.

Na segunda metade do século XVIII, não eram de todo raras, na Inglaterra, a adesão voluntária de particulares a esta filosofia missionária e a respectiva contribuição material para sua exportação. Naquela época, ainda não havia sociedades e empresas organizadas para esse fim que hoje proliferam; quem quisesse levar adiante uma boa causa tinha de construir o próprio caminho, na medida das suas posses. Os que outrora partiam como missionários para terras distantes não cruzavam os mares com endereço certo, como as atuais encomendas postais, ao encontro de um trabalho regular e organizado; com fé em Deus e sem maiores informações, mergulhavam de cabeça em uma aventura incerta.

Nos idos de 1790, um comerciante londrino cujo irmão enriquecera na Índia e lá falecera sem deixar herdeiros decidiu contribuir com uma considerável soma em dinheiro para a propagação do Evangelho naquele país. Um membro da poderosa Companhia das Índias Orientais e diversos intelectuais foram recrutados como conselheiros, concebendo um plano que previa, inicialmente, o envio de três ou quatro rapazes, munidos de equipamentos e recursos financeiros compatíveis com uma permanência prolongada, na qualidade de missionários.

O anúncio da empreitada logo atraiu um bando de aventureiros. Artistas fracassados e ajudantes de barbeiro desempregados se candidataram para a atraente viagem, enquanto o respeitável colegiado, contemplando os horizontes por sobre as cabeças daqueles intrusos, se esforçava para encontrar homens dignos. Furtivamente, tentavam cooptar jovens teólogos, porém a intelectualidade inglesa não se mostrava de forma alguma descontente com a terra natal ou desejosa de empreendimentos cansativos e até mesmo perigosos. A busca se estendeu no tempo, e o patrono começou a ficar impaciente.

A notícia das suas intenções e dos seus fracassos acabou então chegando a uma aldeia de camponeses nos arredores de Lancaster e à paróquia local, cujo venerável dirigente mantinha como ajudante, em troca de casa e comida, seu jovem sobrinho de nome Robert Aghion. Robert, filho de um capitão de longo curso e de uma diligente e devota escocesa, havia perdido o pai prematuramente, não chegando a conhecê-lo; sendo um menino intelectualmente bem-dotado, foi enviado pelo tio à escola e convenientemente preparado para os ofícios de um clérigo, dos quais agora desfrutava toda a intimidade permitida a um candidato pródigo em diplomas, mas sem fortuna. Vez por outra, auxiliava o tio no papel de vigário, mas não podia contar com a própria paróquia enquanto seu benfeitor estivesse vivo. Sendo o padre Aghion um homem saudável e robusto, o futuro do sobrinho não parecia nada brilhante. Como adolescente pobre, que, segundo todas as previsões, jamais teria trabalho e rendimento próprios antes da meia-idade, não era cobiçado pelas jovens senhoritas, pelo menos como bom partido; para outros fins que não esse, jamais encontrara alguém.

Nascido de mãe profundamente religiosa, possuía um senso cristão e uma fé marcados pela modéstia, sentindo imensa alegria em ser reconhecido como pastor. Seu verdadeiro prazer espiritual, no entanto, se encontrava na contemplação da natureza, para o que dispunha de uma acurada visão. Como jovem simples e recatado, dotado de mãos e olhares curiosos, satisfazia-se em ver, colher, examinar e conhecer tudo o que a natureza lhe oferecesse. Quando criança, começou cultivando e colecionando flores; em seguida, dedicou-se com afinco a minerais e fósseis. Há algum tempo, sobretudo durante suas estadas no meio rural, descobrira sua particular predileção pelo multicolorido universo dos insetos. Seus preferidos eram as borboletas, cuja admirável transformação de lagarta em crisálida sempre lhe proporcionara um profundo encantamento e cujos desenhos e combinações de cores lhe traziam um prazer só experimentado por pessoas pouco habituadas e na mais tenra idade.

Assim vivia o jovem teólogo, que, tão logo ficou sabendo das notícias sobre a tal empreitada, viu despertar, em seu íntimo, um desejo que mais parecia a agulha de uma bússola apontando para a Índia. Sua mãe falecera poucos anos atrás, não era noivo e não tinha compromisso com nenhuma das moças locais. Escrevendo para Londres, recebeu uma resposta encorajadora, acompanhada da importância correspondente ao preço da passagem até a capital. Confiante, partiu imediatamente para Londres, carregando uma caixa com livros e uma trouxa de roupas e lamentando não poder levar consigo os herbários, as pedras e as borboletas.

No triste e nebuloso centro histórico londrino, o candidato deparou, assustado, com a enorme e austera mansão do devotado comerciante, onde o gigantesco mapa do hemisfério oriental pendurado no sombrio corredor de entrada e a pele rajada de um enorme tigre exposta no cômodo seguinte lhe trouxeram a lembrança do sonhado país. Aflito e confuso, deixou-se conduzir por um elegante mordomo até a sala onde o dono da casa o esperava. Quem o recebeu foi um senhor alto, sério e bem barbeado, com penetrantes olhos azuis e feições severas, ao qual, no entanto, depois de algumas palavras, o tímido concorrente pareceu agradar, de tal forma que o convidou a se sentar e, num clima de confiança e boa vontade, levou a cabo o exame previsto. Em seguida, o tal senhor recolheu seus diplomas e dispensou o mordomo, que, em silêncio, conduziu o teólogo ao quarto de hóspedes, onde surgiu um segundo mordomo, trazendo chá, vinho, presunto, pão e manteiga. Deixado a sós com as iguarias, o jovem matou a fome e saciou a sede. Mais calmo, sentou-se em uma poltrona de veludo azul e passou a refletir sobre a própria situação, enquanto seu olhar preguiçoso percorria o quarto, onde, após uma rápida inspeção, descobriu dois outros amáveis exemplares do distante país tropical, mais precisamente um macaco empalhado castanho-escuro em um canto ao lado da lareira e o couro curtido de uma gigantesca cobra, cuja cabeça sem olhos pendia, mole e inexpressiva, da tapeçaria de seda azul logo acima da sua cabeça. Eram coisas que ele admirava, e logo se pôs a olhar de perto e apalpar. Atiçada pela visão, sua curiosidade acerca da misteriosa e longínqua terra era tão grande que a imagem da jiboia viva, que ele tentou reproduzir enrolando a pele cintilante e prateada, pareceu-lhe deveras horrenda e repugnante. Porém, não se sentiu ameaçado nem pela cobra, nem pelo macaco, e, tomado de voluptuosidade, começou a imaginar as fabulosas flores, árvores, aves e borboletas que deveriam habitar aquele abençoado país.

Entrementes anoiteceu, e um discreto serviçal lhe trouxe um lampião aceso. Do lado de fora das grandes janelas, a bruma escondia o crepúsculo. A tranquilidade da aristocrática residência, a solidão do imenso e frio quarto no qual se sentia aprisionado, a falta do que fazer e a incerteza da sua romanesca situação se uniram à escuridão de uma noite de outono londrina, alçando a jovem alma muito além das suas elevadas esperanças, até que, após duas horas de escuta e espera na sua poltrona, cansado e descrente de qualquer solução iminente, ele se deitou na primorosa cama de hóspedes e logo em seguida adormeceu.

No meio da noite, pois assim lhe pareceu, foi acordado por um criado com a notícia de que o jovem senhor estava sendo esperado para o jantar e deveria se apressar. Entorpecido, Aghion se vestiu e, com olhar tímido, saiu cambaleando atrás do homem através de salas e corredores, até subir uma escada que dava acesso ao grande salão de jantar, iluminado por candelabros, onde a dona da casa, vestindo veludo e coberta de joias, ficou a observá-lo através de um monóculo enquanto o senhorio o apresentava a dois intelectuais, que, ainda durante a refeição, submeteram o jovem irmão a uma severa prova, incluindo particularmente a obtenção de informações capazes de atestar a autenticidade dos seus sentimentos cristãos. O sonolento apóstolo não mediu esforços para entender as perguntas e respondê-las, porém, a timidez lhe caía como uma luva, e os homens, acostumados a outros tipos de aspirantes, passaram a vê-lo com bons olhos. Após o jantar, alguns mapas foram estendidos na sala de estar, e Aghion viu pela primeira vez o local onde deveria difundir a palavra de Deus — uma pequena mancha amarela na carta da Índia, ao sul da cidade de Mumbai.

No dia seguinte, foi levado à presença de um velho e reverendo senhor, o supremo conselheiro espiritual do comerciante. O ancião se sentiu imediatamente atraído pelo jovem e inocente rapaz. Avaliando de pronto o caráter e a sensibilidade de Robert, achou que lhe faltava espírito empreendedor pastoral e, apiedando-se do rapaz, começou a lhe descrever os perigos da viagem marítima e das terras austrais, pois lhe parecia descabido que um jovem sem os dotes e as inclinações requeridas pela tarefa em questão se sacrificasse e arruinasse naquele mundo distante. Em seguida, colocou as mãos sobre os ombros do candidato e, dirigindo-lhe um comovente e piedoso olhar, disse:

— O que o senhor me falou é bom e pode ser correto. No entanto, continuo sem entender o que realmente o atrai para a Índia. Seja franco, caro amigo, e me diga sem rodeios: há outras vontades e compulsões terrenas a movê-lo, ou se trata simplesmente do desejo intrínseco de levar nosso caro Evangelho aos pobres pagãos?

Diante de tais palavras, Robert Aghion ficou tão vermelho quanto um impostor surpreendido em flagrante. Baixando os olhos, calou-se por um instante, para em seguida confessar que suas intenções pastorais eram de fato totalmente sinceras, porém, jamais teria pensado em se candidatar para a Índia, ainda mais como missionário, não fosse o prazer que lhe davam e a atração que sobre ele exerciam a beleza e a raridade da flora e da fauna dos países tropicais. Para o velho, estava claro que o rapaz acabara de revelar seu mais íntimo segredo, nada mais tendo a confessar. Sorrindo, o homem balançou a cabeça em sinal afirmativo e lhe disse, em tom amigável:

— Bem, com este pecado o senhor terá de conviver. Vá para a Índia, meu caro jovem! — E, retomando a austeridade, colocou as mãos sobre a cabeça de Robert, abençoando-o solenemente com as palavras bíblicas.

Três semanas depois, com malas e caixotes, o jovem missionário seguia viagem como passageiro de um belo veleiro. Depois de ver sua pátria desaparecer no horizonte, ficou conhecendo, nas primeiras semanas e antes mesmo de chegar à Espanha, os caprichos e os perigos do mar. Naquele tempo, quem viajava para a Índia não chegava ao seu destino tão puro e incólume quanto o turista que hoje embarca em um confortável vapor, cruza a África pelo canal de Suez e em pouco tempo, maravilhado e farto de tanto comer e dormir, se vê a contemplar a costa indiana. Os passageiros dos veleiros de outrora tinham de padecer a volta ao redor da gigantesca África, sob constantes ameaças de tormentas e calmarias, ora banhados em suor, ora congelando de frio, sempre famintos e insones. Quem concluísse a viagem com sucesso deixava para sempre a condição de noviço, aprendendo a caminhar com as próprias pernas. Assim foi também com o missionário, que, após 156 dias no mar entre a Inglaterra e a Índia, desembarcou no porto de Mumbai como um marinheiro magricelo e de pele tostada.

Durante todo aquele tempo, a despeito de pouco falar, não perdeu a alegria e a curiosidade. Explorador por natureza, desembarcou em diversas praias e admirou, com respeitosa curiosidade, as muitas e estranhas ilhas cobertas de palmeiras. Chegando à terra firme indiana com olhos ávidos, foi com ânimo inquebrantável que encarou sua entrada na cidade ricamente iluminada.

A princípio, procurou e encontrou a casa que lhe haviam indicado, situada em uma tranquila viela dos subúrbios, repleta de coqueiros. À chegada, seu olhar percorreu o pequeno jardim existente na frente da casa, e ainda teve tempo, apesar de outros aspectos naquele momento mais importantes para serem vistos e considerados, de perceber um arbusto com folhagens escuras e grandes flores amarelo-ouro, cercado por um gracioso e delicado bando de borboletas brancas esvoaçantes. Com esta imagem ainda gravada na memória levemente impressionada, galgou os pequenos degraus até a sombra da extensa varanda e atravessou a porta de entrada, que se encontrava aberta. Um criado hindu vestindo uma bata branca que deixava à vista suas pernas morenas e nuas se aproximou, cruzando o piso frio de cerâmica vermelha, curvou-se em respeitosa saudação e começou a falar no tom sonoro e fanhoso do idioma hindi. Porém, ao perceber que o forasteiro nada entendia, convidou-o, entre outras delicadas reverências e sinuosos gestos de cortesia, a entrar, passando por uma abertura onde, em vez de porta, havia uma esteira de ráfia pendente. Ato contínuo, a esteira foi afastada, proporcionando a visão de um homem alto, magro e de aparência autoritária, vestindo roupas brancas tropicais e calçando, nos pés desnudos, sandálias de palha. Em um dialeto indiano ininteligível, o homem dirigiu uma série de impropérios ao criado, que se retirou cabisbaixo, esgueirando-se rente à parede, e só então se voltou para Aghion, convidando-o, em inglês, a entrar.

De início, o missionário tentou se desculpar pela inopinada chegada e justificar a atitude do empregado, que nada teria feito de errado. Porém, o outro acenou com impaciência e lhe disse:

— O senhor em breve aprenderá a lidar com as artimanhas dos criados. Entre! Eu estava à sua espera.

— O senhor é *Mister* Bradley, não? — indagou gentilmente o recém-chegado, enquanto, encarando o conselheiro, mestre e colaborador em seu primeiro passo naquele exótico ambiente, nele antevia os sentimentos de alheamento e frieza.

— Sou Bradley, sim, e o senhor deve ser Aghion. Portanto, Aghion, faça o favor de entrar, de uma vez por todas! O senhor já tomou café?

Logo em seguida, com um gesto brusco, o homem alto e ossudo tomou em suas mãos cobertas de pelos escuros o currículo do hóspede — uma prática arbitrária e típica dos experimentados agentes comerciais ultramarinos. Após mandar servir costeleta de carneiro com arroz e *curry* picante, indicou um quarto para Robert, mostrou-lhe o restante da casa, recebeu os documentos que continham suas referências e encargos, respondeu às suas primeiras e curiosas indagações e passou a lhe transmitir as noções básicas e mais necessárias do cotidiano hindu. Acionando os quatro criados indianos, todos de tez morena, distribuiu tarefas e praguejou, irritado e insensível, por toda a retumbante casa; além disso, mandou buscar um alfaiate, que incumbiu da tarefa de confeccionar, para Aghion, um punhado de roupas adequadas ao seu novo ambiente. Agradecido e um tanto intimidado, o novato tudo aceitou, embora, em seu íntimo, tivesse esperado uma chegada à Índia mais tranquila e amigável, que lhe permitisse, depois de tanto tempo, sentir-se um pouco à vontade e ter uma conversa amistosa, relatando suas primeiras impressões e desabafando suas fortes lembranças de viagem. Em uma viagem marítima de seis meses, no entanto, as pessoas aprendem a ser humildes e a encarar as mais diversas situações. E assim, ao entardecer, quando *Mister* Bradley saiu para cuidar dos seus afazeres comerciais na cidade, o jovem evangélico suspirou de alegria, só pensando na satisfação interior de comemorar sua chegada e apresentar suas cordiais saudações à terra indiana.

Solenemente, deixou seu arejado aposento, que não tinha porta nem janelas, mas tão somente diversas passagens abertas em todas as paredes, e saiu, empunhando uma linda bengala e usando, sobre a cabeça loira, um chapéu de aba larga com uma longa saia de proteção contra o sol. Aos primeiros passos, no jardim, olhou a sua volta e respirou fundo, sentindo os ares e os odores, as luzes e as cores daquele desconhecido e fabuloso país que ele, modesto colaborador, ajudaria a conquistar e ao qual, de boa vontade, estava disposto a se entregar.

O que ele viu e descobriu ao redor o agradou sobremaneira, parecendo-lhe uma radiante confirmação de muitos sonhos e premonições. Dispostos lado a lado sob a intensa luz do sol, os arbustos crescidos pululavam de grandes e magníficas flores vivamente coloridas; em feixes alongados, os cipós escalavam as incríveis alturas das imóveis copas circulares dos coqueiros; atrás da casa, uma palmácea projetava nos ares sua singular e compacta copa gigante formada por folhas da altura de um homem. À beira do caminho, entretanto, seus olhos de naturalista perceberam um pequeno semovente, do qual ele cuidadosamente se aproximou. Tratava-se de um camaleão verde, de cabeça triangular e olhos maliciosamente pequenos. Debruçando-se sobre o animal, sentiu-se uma criança alegre.

Um tipo estranho de música o despertou dos seus mais recônditos devaneios. Quebrando a murmurante quietude da selvagem e verdejante flora que o circundava, ouvia-se um ruído ritmado de tambores e timbales, misturado com tons límpidos e agudos de instrumentos de sopro. Surpreso, o devoto ecologista se pôs a escutar e, como nada via, seguiu em frente, curioso e disposto a investigar a natureza e a origem daqueles sons bárbaro-festivos. Atento à música, deixou o jardim, cruzando seus portões abertos e seguindo a trilha gramada que percorria uma bela paisagem de jardins, palmeirais e arrozais incrivelmente verdes, até que, contornando um grande jardim, deparou com uma graciosa fileira de bangalôs indianos. Nas pequenas casas, as paredes eram de pau a pique ou, simplesmente, ripas de bambu trançadas, e os tetos eram cobertos com palhas secas; em todas as portas, viam-se famílias hindus de pele escura, de pé ou acocoradas. Curioso, pôs-se a observar as pessoas, captando suas primeiras imagens da vida campestre do povo local, e desde o primeiro instante se apaixonou por aquela gente marrom, cujo olhar ingênuo revelava uma tristeza cativa e inconsciente. Quietas e arredias, lindas mulheres se destacavam pelas suas volumosas tranças de longos cabelos pretos; todas elas ostentavam joias de prata no meio da testa, nos pulsos e nos tornozelos, além de anéis nos dedos dos pés. As crianças, totalmente nuas, nada portavam além de um singelo amuleto de prata ou chifre, atado a um fino cordão de ráfia.

A extravagante música continuava a tocar, agora bem mais próxima. Na esquina seguinte, ele encontrou o que procurava. A sua frente, erguia-se um prédio extremamente singular, de aparência externa fantástica e altura assustadora, tendo ao centro um enorme portão. Olhando para cima, notou que a gigantesca fachada da obra consistia em um aglomerado de figuras de pedra representando animais, seres humanos, deuses ou demônios que se superpunham às centenas, galgando a estreita e distante cúpula do templo tal qual uma floresta, uma fantástica trama de torsos, articulações e cabeças. O impressionante colosso de pedra, um templo hindu, adquiria um intenso brilho sob os raios horizontais do sol poente, mostrando claramente ao estupefato estranho que aqueles seres superdelicados e seminus não constituíam de forma alguma um paradisíaco povo primitivo, mas sim uma sociedade em que as ideias, os deuses, as artes e as religiões tinham milhares de anos.

A sonora melodia dos timbales foi interrompida, e do interior do templo saíram diversos religiosos hindus em vestes brancas e coloridas, precedidos por um cortejo de brâmanes que exibiam a altivez das suas milenares sabedoria e dignidade. Ao passarem pelo homem branco, mostravam-se tão orgulhosos quanto um punhado de nobres diante de um artesão, parecendo não terem a menor disposição para se deixar instruir por um forasteiro recém--chegado em coisas pertinentes aos direitos humano e divino.

Depois que a multidão se foi e a vila retomou sua tranquilidade, Robert Aghion se aproximou do templo e começou a estudar detidamente as figuras da fachada. Com tristeza e assombro, entretanto, logo recuou, pois a grotesca linguagem alegórica das esculturas não lhe pareceu menos confusa e assustadora que a visão das cenas de escandalosa obscenidade que ingenuamente se lhe apresentavam no meio daquele emaranhado divino.

Enquanto se afastava na direção do caminho de volta, o templo e as ruas escureceram, um breve e palpitante matiz desapareceu dos céus e a noite sobreveio repentinamente. Apesar de familiar, o escurecimento incrivelmente rápido causou calafrios no jovem missionário. Com o anoitecer, o canto estridente e ruidoso de milhares de insetos se fez ouvir em todas as árvores e arbustos ao redor; ao longe, em tons selvagens e misteriosos, ergueu-se o grito de raiva ou lamento de um animal. Após uma busca apressada, Aghion felizmente encontrou o caminho de casa, e ainda não havia percorrido toda a pequena trilha quando o país inteiro imergiu na escuridão da noite, revelando um céu preto e coalhado de estrelas.

Ao voltar para casa, pensativo e distraído, aproximou-se do primeiro cômodo iluminado, onde foi recebido por *Mister* Bradley com as seguintes palavras:

— Muito bem, aí está o senhor. Contudo, não deve mais sair tão tarde da noite. Pode ser perigoso. A propósito, o senhor sabe manejar um fuzil?

— Um fuzil? Não, isso eu não aprendi.

— Então vai aprender, em breve... Onde esteve, então, hoje à noite?

Entusiasmado, Aghion lhe contou tudo, indagando, curioso, a que religião pertencia aquele templo, que deuses ou ídolos eram ali adorados, o que significavam aquelas muitas figuras e aquela estranha música, se aqueles orgulhosos homens vestidos de branco eram sacerdotes e como se chamavam seus deuses. Naquele momento, teve a primeira decepção. Seu conselheiro não queria saber de absolutamente nada a respeito do que ele havia perguntado e lhe explicou que ninguém tinha conhecimento da tremenda confusão e da obscenidade que cercavam aquela idolatria, que os brâmanes eram um irremediável bando de exploradores e preguiçosos e todos aqueles hindus não passavam de uma despudorada corja de mendigos e malfeitores, com a qual um inglês decente nada tinha a ver.

— Acontece — argumentou o tímido Aghion — que minha obrigação consiste justamente em mostrar a essa gente perdida o caminho do bem! Para isso, preciso conhecê-los, amá-los e saber tudo a seu respeito...

— O senhor logo ficará sabendo muito mais do que gostaria. Naturalmente, terá de estudar hindustani e, depois, talvez outro desses malditos dialetos dos negros. Quanto ao amor, entretanto, nada conseguirá.

— Ah, não diga isso. As pessoas até que parecem ter boa índole!

— O senhor acha? Bem, o senhor mesmo verá. Sobre suas pretensões em relação aos hindus, nada sei e não pretendo opinar. Nossa missão é proporcionar a essa malta de pagãos, com o passar do tempo, um pouco de cultura e uma leve noção de decência; mais que isso, no entanto, talvez jamais consigamos!

— Mas nossa moral, aquilo que se chama de decência, não é nada além da moral de Cristo, meu caro senhor!

— O senhor se refere a amor. Pois bem, diga a um hindu que o ama. Amanhã, ele virá lhe pedir uma esmola; depois de amanhã, roubará do quarto sua camisa!

— É possível.

— Tenho absoluta certeza disso, meu caro. Aqui, o senhor vai lidar, até certo ponto, com menores de idade sem nenhuma noção de dignidade e justiça, que nada têm a ver com bem--educados colegiais ingleses, mas sim com uma raça de pivetes escuros e matreiros, que se diverte com qualquer sem-vergonhice. O senhor ainda vai se lembrar de mim!

Tristonho, Aghion desistiu de fazer outras perguntas, prometendo a si mesmo aprender, daquele dia em diante, tudo o que pudesse ser aprendido, principalmente dedicação e obediência. Independentemente do fato de o rigoroso Bradley estar ou não com a razão, a visão do magnífico templo e daqueles orgulhosos e inacessíveis brâmanes fez com que suas intenções e ofícios naquele país lhe parecessem algo infinitamente mais difícil que qualquer coisa que pudesse ter um dia imaginado.

Na manhã seguinte, chegaram os caixotes contendo os pertences que o missionário trouxera de casa. Desfazendo cuidadosamente as embalagens, colocou livro sobre livro e camisa sobre camisa, parecendo introspectivo e sensibilizado ao tocar alguns objetos. No meio de outras coisas, encontrou uma pequena gravura em cobre com moldura preta, cujo vidro se partira durante a viagem, que reproduzia a imagem do Sr. Defoe, autor de *Robinson Crusoé*, e o velho missal da sua mãe, dele conhecido desde a infância, assim como um mapa da Índia, recebido de presente do tio, como guia e estímulo às futuras atividades, e dois puçás com armação metálica que ele próprio mandara fazer, em Londres, para caçar borboletas — um dos quais imediatamente separou, para usar no dia seguinte.

À noite, suas coisas já estavam distribuídas e arrumadas, a pequena litogravura pendia sobre a cama e o quarto inteiro espelhava limpeza e organização. Conforme lhe havia sido recomendado, apoiara os pés da mesa e da cama em tigelas de barro, enchendo-as com água, como proteção contra as formigas. *Mister* Bradley passara o dia inteiro fora, em seus negócios, e o jovem achou incrível ser chamado e servido, na hora das refeições, através da linguagem corporal do obsequioso criado, sem com ele trocar uma palavra sequer.

No outro dia, ao amanhecer, Aghion começou a trabalhar. Apresentado por Bradley, surgiu um belo rapaz de olhos castanhos, chamado Vyardenya, que iria ser seu mestre no dialeto hindustani. O sorridente jovem indiano não falava mal o inglês e tinha uma primorosa educação. A única coisa que o assustava e incomodava era o ingênuo costume do britânico de lhe estender cordialmente a mão, ao cumprimentá-lo; pertencendo a uma casta superior, repelia qualquer tipo de contato físico com o branco, que poderia torná-lo impuro. Jamais se sentava em uma cadeira anteriormente utilizada por um estranho; por isso, trazia todos os dias, enrolada debaixo do braço, a própria e linda esteira de palha que estendia sobre os ladrilhos, nela sentando-se com as pernas entrelaçadas, em postura nobre e ereta. Seu pupilo, cujo entusiasmo era digno de aplausos, tentava aprender também aquela arte, na medida em que, durante as lições, permanecia ajoelhado sobre uma esteira semelhante, ainda que, no princípio, e até se acostumar, lhe sentisse doerem todas as articulações. Aplicado e paciente, Aghion aprendeu palavra por palavra, começando pelas corriqueiras formas de saudação, que o jovem professor lhe repetia, incansável e risonho. Com redobrada disposição, entregou-se dia após dia à insana luta contra os fonemas indianos palatais e guturais, que, a princípio, lhe pareceram ruídos desarticulados, mas que ele acabou aprendendo a distinguir e imitar.

Ao contrário das horas matinais, quando a extraordinária experiência com o gentil professor de hindustani fazia o tempo passar despercebido, as tardes e as noites eram longas demais para preencher a solidão em que vivia o aplicado Sr. Aghion. Seu anfitrião, que na incerta relação bilateral ora se portava como protetor, ora como superior, raramente estava em casa; normalmente, chegava da cidade por volta do meio-dia, a pé ou a cavalo, presidia, como dono da casa, o almoço, para o qual às vezes convidava um guarda-livros inglês, e depois se sentava na varanda por duas ou três horas, para fumar ou cochilar; à tardinha, passava mais algumas horas no escritório ou no armazém. Ocasionalmente, viajava durante vários dias em busca de novos produtos, o que era sempre um alívio para o novo hóspede que, apesar das tentativas, não conseguia se entender com o rude e lacônico negociante. Além de tudo, *Mister* Bradley cultivava alguns hábitos que não agradavam ao missionário, dentre os quais o costume de se reunir vez ou outra com o tal guarda-livros, após o expediente, para beber uma mistura de água, rum e limonada até ficarem bêbados; nas primeiras semanas, o jovem clérigo fora convidado diversas vezes, mas sempre recusara, com delicadeza.

Nessas condições, o cotidiano de Aghion pouco tinha de interessante. Nas tardes solitárias, quando o sufocante calor invadia a casa de madeira, havia tentado exercitar seus parcos conhecimentos sentando-se na cozinha e tentando conversar com a criadagem. O cozinheiro muçulmano não lhe respondia e, de tão soberbo, parecia até mesmo não enxergá-lo, porém, o aguadeiro e o copeiro, que passavam horas a fio acocorados em suas esteiras mascando bétele, estavam sempre dispostos a transformar em divertimento os ingentes esforços linguísticos do patrão.

Certo dia, porém, Bradley apareceu na porta da cozinha justo no momento em que os dois marotos, por conta de erros e trocas de palavras do missionário, deleitavam-se batendo com as mãos nas coxas magras. Assistindo à troça com os lábios cerrados, Bradley desferiu uma violenta bofetada no copeiro, chutou o aguadeiro e, mudo, arrastou consigo o assustado Aghion. No seu quarto, furioso, voltou-se para o missionário.

— Quantas vezes terei ainda de lhe dizer que não se meta com essa gente? O senhor está corrompendo os garotos, naturalmente com a melhor das intenções, mas nada disso justifica que um inglês seja feito de palhaço na presença desses velhacos!

Dizendo isto, saiu novamente, antes que o ofendido Aghion tivesse tempo de argumentar.

Impelido à solidão, o missionário só desfrutava o convívio humano aos sábados, quando ia regularmente à igreja. Em uma das vezes, chegou a substituir o pastor inglês, pouco amigo do trabalho, durante o sermão. Porém, Aghion, que tinha prazer em pregar aos camponeses e aos tecelões da sua terra natal, ali se achava, na presença de uma comunidade apática formada por comerciantes abastados, senhoras doentes ou cansadas e jovens empregados, estranho e perdido.

Se a consciência da própria situação lhe causava tristeza, fazendo-o se sentir um desgraçado, havia também um consolo infalível para sua alma. Equipando-se para uma excursão, pendurava a tiracolo o coletor de plantas e empunhava o puçá, ao qual adaptara uma longa haste de bambu. O sol ardente e o clima indiano, motivo de incômodos e lamentos para a maioria dos outros ingleses, para ele eram dádivas e bálsamos, refrescando-lhe o corpo e a alma e livrando-o do abatimento. Para a totalidade de seus estudos e paixões, aquele país era um inesgotável manancial, onde a cada passo podia encontrar árvores, flores, pássaros e insetos desconhecidos, cujos nomes haveria de aprender, com o passar do tempo. Bizarros lagartos e escorpiões, gigantescas centopeias e outros seres fantásticos não mais o assustavam; no dia em que valentemente abateu com o balde de madeira uma avantajada cobra alojada no banheiro, percebeu que seu temor diante de animais perigosos pouco a pouco desaparecia.

Ao capturar em sua rede, pela primeira vez, uma grande e magnífica borboleta, examinando, entre os dedos cuidadosos, o majestoso e radiante inseto cujas imensas asas, bafejando o suave perfume das suas penugens multicolores, cintilavam como o alabastro, seu coração disparou, impulsionado por um tipo de alegria incontida que ele nunca mais experimentara, desde o dia em que, ainda menino, caçara a sua primeira borboleta-
-cauda-de-andorinha. Exultante, acostumou-se ao desconforto

da selva, não desistindo nem mesmo quando, em plena mata, era surpreendido por lamaçais ocultos, perseguido por bandos de macacos ou atacado por furiosas formigas. Somente uma vez, trêmulo e suplicante, ajoelhou-se detrás de uma imensa seringueira, enquanto nas proximidades, parecendo trovoadas e terremotos, uma tropa de elefantes rompia a mata densa. No frescor do seu quarto, acostumou-se a despertar com o alvoroço dos macacos na floresta vizinha, tão logo amanhecia, e a ouvir, no anoitecer, o estridente uivo dos chacais. Espertos e vigilantes, seus olhos brilhavam no rosto agora magro, moreno e másculo.

Na cidade e, de preferência, nas pacíficas aldeias da periferia, ficava cada vez mais à vontade, e, quanto mais via dos hindus, tanto mais deles gostava. Somente uma coisa o incomodava e constrangia ao extremo: o costume, no seio das castas inferiores, de permitir que as mulheres andassem de torso nu. Para um missionário, era difícil se habituar à visão de colos, braços e seios femininos no meio da rua, por mais belos que pudessem parecer.

Afora tais indecências, nada o desafiava e intrigava tanto quanto o enigma que para ele representava a vida espiritual daquela gente. A religião estava sempre presente, em qualquer direção que olhasse. Em Londres, por ocasião dos mais importantes feriados religiosos, certamente não havia tanta devoção quanto ali, a qualquer dia e em qualquer rua. Por toda parte, viam-se templos e imagens, orações e oferendas, procissões e cerimônias, penitentes e sacerdotes. Seria alguém capaz de se orientar no meio daquele emaranhado de religiões? Havia brâmanes e muçulmanos, budistas e adoradores do fogo, discípulos de Shiva e de Krishna, portadores de turbantes e fiéis de cabeças raspadas, adoradores de serpentes e servos de tartarugas sagradas. Onde estaria o deus a quem serviam todos aqueles desencaminhados? Que aparência teria? Dentre os vários cultos, qual o mais antigo, mais sagrado ou mais puro? Ninguém sabia. Para os próprios hindus, na verdade, era algo totalmente indiferente. Quem não se contentava com a crença dos pais adotava outra ou dela se retirava, como penitente, para encontrar, ou até mesmo fundar, uma nova religião. Aos deuses e espíritos, cujos nomes ninguém sabia, ofertavam-se alimentos em pequenas tigelas, enquanto centenas de cultos, templos e sacerdotes viviam na mais perfeita harmonia, sem que os seguidores de uma fé atacassem, odiassem ou matassem os discípulos de outras, como era costumeiro nos países cristãos. Em muitos casos, havia ternura e beleza, música de flauta e oferenda de graciosas flores. Nos rostos devotos, havia uma paz e um misterioso brilho que jamais se poderia ver nas feições de um inglês. Igualmente belo e sagrado, para ele, era o mandamento rigorosamente observado pelos hindus de não matar nenhum animal. Às vezes, sentia vergonha e tentava se desculpar consigo mesmo quando, sem a menor piedade, matava lindos besouros e borboletas, espetando-os com alfinetes em seus tabuleiros. Em contrapartida, no seio daquele mesmo povo que encarava um verme como sagrada criação divina e se entregava, constrito, a cultos e orações, o roubo, a mentira, o falso testemunho e a má-fé eram fatos corriqueiros diante dos quais ninguém se admirava ou se indignava. Quanto mais ele refletia acerca da sua bem-intencionada mensagem de fé, mais indecifrável lhe parecia o mistério que cercava aquele povo, capaz de invalidar qualquer lógica ou teoria. O copeiro com quem, apesar da proibição imposta por Bradley, logo voltou a manter contato, e que parecia ser unha e carne com ele, pouco tempo depois lhe roubou uma blusa de lã. Indagado a respeito, em termos de afetuosa sinceridade, o rapaz inicialmente mentiu, sob juramento, para logo em seguida confessar, sorridente, o que fizera: trazendo de volta a blusa, mostrou, confiante, que nela havia um pequeno orifício, motivo pelo qual supusera que o mestre jamais voltaria a usá-la.

De outra feita, foi a vez de o aguadeiro surpreendê-lo. O sustento do homem provinha da tarefa diária de abastecer a cozinha e o banheiro com água retirada de uma cisterna existente nas proximidades, trabalho que sempre realizava no início da manhã e à noite, passando o restante do dia na cozinha e na choupana destinada à criadagem, mascando bétele ou pedaços de cana-de-açúcar. Certo dia, na ausência dos demais empregados, Aghion lhe pediu que escovasse um par de calças cheio de carrapichos, remanescentes de um recente passeio. O homem se limitou a sorrir e cruzou os braços às costas; quando o missionário, mal-humorado, rispidamente lhe ordenou que cumprisse a tarefa elementar, o pobre coitado finalmente o fez, entre resmungos e lágrimas, sentando-se logo depois na cozinha, inconsolável, gritando e gesticulando como um desesperado por uma hora inteira. Com infinita paciência, e depois de superar inúmeros mal-entendidos, Aghion percebeu que havia ofendido gravemente o homem ao lhe atribuir um encargo que não fazia parte das suas obrigações.

Com o passar do tempo, esses pequenos incidentes se acumularam, formando uma redoma de vidro que separava o missionário do ambiente em que vivia, impondo-lhe um isolamento cada dia mais penoso. E tanto maior era o ímpeto, uma espécie de cobiça mórbida, com que se entregava ao estudo do idioma, no qual obtinha significativos progressos e com o qual, segundo suas ardorosas expectativas, haveria de conquistar aquele estranho povo. Com frequência cada vez maior, interpelava os nativos no meio da rua e visitava o alfaiate, a mercearia e o sapateiro sem auxílio de intérprete.

Algumas vezes, chegava a entabular conversa com pessoas simples, quando admirava e elogiava a obra de um artesão ou o bebê de uma mulher. Na fala e no olhar daqueles pagãos, a começar pelo sorriso alegre, ingênuo e bondoso, tinha frequentemente a sensação de que a alma do povo lhe falava de maneira tão clara e fraterna que todas as barreiras pareciam cair por terra, dissipando o sentimento de exclusão.

Finalmente, concluiu que as crianças e a gente simples do campo eram bem mais acessíveis, e que todas as dificuldades, desconfianças e perversões dos citadinos provinham unicamente do estreito contato com marinheiros e negociantes europeus. Daí em diante, começou a explorar o interior, quase sempre a cavalo e cada vez mais longe. Nos bolsos, levava moedas de prata e torrões de açúcar para as crianças. Em regiões distantes e acidentadas, amarrava seu cavalo a uma palmeira, defronte à cabana de pau a pique de um camponês, e, ao entrar, saudando os presentes e pedindo um gole de água ou água de coco, quase sempre tinha início uma amizade fraterna e desinteressada, além de uma conversa em que homens, mulheres e crianças, surpresos, se divertiam a valer com seus modestos conhecimentos do idioma, o que de modo algum o perturbava.

Até então, Aghion evitara, em tais oportunidades, qualquer tentativa de falar àquela gente sobre o bom Deus. Não só não tinha pressa como também lhe parecia algo melindroso e quase impossível, considerando sua sobeja incapacidade de traduzir para a linguagem hindi as expressões correntes do culto bíblico. Além do mais, não se achava no direito de se arvorar em mestre daquele povo, concitando-o a importantes mudanças na sua vida, antes de conhecê-la plenamente e ser capaz de conviver e dialogar com os hindus em pé de igualdade.

Portanto, continuou ampliando seus estudos. Procurou conhecer o dia a dia, as profissões e o ganha-pão dos nativos, pediu que lhe mostrassem e identificassem pelo nome árvores e frutos, objetos e animais domésticos, aprofundou-se nos segredos da rizicultura no seco e na várzea, nos da obtenção da ráfia e do algodão, acompanhou a construção de casas e o trabalho nas olarias, além de observar cuidadosamente o artesanato em palha e a produção de têxteis, que já conhecia desde a terra natal. Na incessante busca do conhecimento, assistiu à lavoura dos campos de arroz alagados com o auxílio de enormes búfalos rosados, conheceu o trabalho dos elefantes domesticados e viu macacos amestrados trepando em coqueiros e colhendo os frutos para seus donos.

Em uma de suas excursões, chegando a um tranquilo vale situado entre colinas verdejantes, foi surpreendido por uma chuva torrencial e buscou abrigo na cabana mais próxima que avistou. No reduzido espaço interno, entre paredes de taipa, encontrou reunida uma pequena família, que, tímida e assustada, saudou o forasteiro que chegava. A mãe tinha os cabelos grisalhos pintados com hena vermelha de tons afogueados; em seu largo sorriso, os dentes igualmente vermelhos denunciavam a predileção pelo bétele. O marido era um homem alto, de fisionomia grave e com longos cabelos ainda pretos; levantando-se do chão, adotou uma postura nobre e ereta, trocou com o hóspede algumas palavras de saudação e em seguida lhe ofereceu um coco recém-aberto, de cuja água doce o inglês provou um gole. O menino pequeno, que a sua chegada correra em silêncio para um canto detrás do fogão de ferro, fitava-o a distância, por entre madeixas de brilhantes cabelos pretos, com olhos irrequietos e curiosos; no seu peito reluzia um amuleto de latão, a única peça em que se resumia sua vestimenta. Na entrada, pendiam grandes cachos de banana, deixados a maturar, e por toda a casa, onde a luz só penetrava pela porta aberta, não se via nenhum sinal de pobreza, mas sim um ambiente de extrema simplicidade, beleza, limpeza e cuidadosa organização.

A lembrança do lar associada às mais tenras imagens da infância, aquela sensação que ocorre a todo viajante quando depara com um ambiente doméstico feliz, a leve impressão de estar na própria casa, que ele jamais havia experimentado no bangalô do Sr. Bradley, tomou conta do missionário, levando-o a perceber que o recém-chegado não era apenas um passante fugitivo da chuva mas também alguém que tinha uma existência sombria e confusa e que finalmente havia sido impelido, de livre e sã consciência, ao encontro de uma vida autêntica, lógica e autocontemplativa. Ruidosa e abundante, a chuva continuava caindo sobre o denso teto de palha da cabana, formando diante da porta uma cortina de água.

O casal de idosos se pôs a conversar com o inusitado hóspede, mas, quando, concluída a troca de amabilidades, lhe fizeram a inevitável pergunta acerca do seu objetivo e das suas pretensões no país, ele se viu em apuros e mudou de assunto. Mais uma vez, como sempre, pareceu ao modesto Aghion que seria muita ousadia e petulância ali se apresentar como enviado de um povo distante, com a missão de privá-los dos seus deuses e das suas crenças, substituindo-os por outros. Sempre havia pensado que perderia a timidez tão logo dominasse o idioma hindu, porém, agora, tinha certeza absoluta de que isto não passava de uma desculpa, pois, quanto mais conhecia a gente marrom, tanto menos justa e prazerosa lhe parecia a intromissão arbitrária nas suas vidas.

A chuva parou, e a água barrenta escorreu pelas vielas inclinadas. Passando entre os caules brilhantes das palmeiras ainda molhadas, os raios de sol produziam reflexos intensos e ofuscantes sobre as gigantescas folhas das bananeiras. O missionário agradeceu a hospitalidade e fez menção de se retirar, quando uma sombra se projetou contra o solo e o pequeno recinto escureceu. Virando-se rapidamente, viu na porta a figura calada e de pés descalços de uma jovem mulher ou menina que, assustada com seu inesperado olhar, correu para junto do garoto e se escondeu atrás do fogão.

— Dê bom-dia ao senhor! — disse-lhe o pai, e ela, então, encabulada, avançou dois passos, cruzou as mãos sobre o peito e se curvou diversas vezes. Dos seus cabelos grossos e pretos ainda escorriam algumas gotas de chuva. Em um gesto acanhado e carinhoso, o inglês colocou a mão sobre eles e lhe dirigiu um cumprimento, e, enquanto sentia entre os dedos a lisura e a maciez daqueles cabelos, ela ergueu o rosto e sorriu gentilmente, mostrando seus deslumbrantes olhos. Além de uma saia vermelha bem cintada logo abaixo dos seios, trazia apenas um colar de conchas ao redor do pescoço e uma grossa pulseira dourada em um dos tornozelos. E assim ficou, irradiando beleza, parada à frente do perplexo estrangeiro. A luz do sol se refletia nos seus cabelos lisos e nos ombros marrons e nus, enquanto os dentes imaculadamente brancos cintilavam entre os lábios juvenis. Robert Aghion olhou para ela, encantado, tentando penetrar na silenciosa ternura dos seus olhos, mas logo se sentiu confuso; o odor que emanava dos cabelos e a visão dos ombros e dos seios nus o perturbaram de tal forma que ele imediatamente desviou o olhar daquele rosto inocente. Colocando a mão no bolso, de lá retirou uma pequena tesoura metálica, que costumava usar para cortar as unhas, aparar os bigodes e podar suas plantas, e deu-a de presente à linda moça, bem ciente de que se tratava de uma valiosa oferenda. Também confusa com a grata surpresa, ela segurou o objeto, enquanto seus pais se desmanchavam em gestos e palavras de agradecimento. À saída do missionário, ainda sob o alpendre da cabana, ela segurou sua mão esquerda e a beijou. O suave calor daqueles tenros lábios percorreu todo o corpo de Aghion, que se imaginou beijando-a na boca. Em vez disso, porém, segurou-lhe ambas as mãos, fitou-a nos olhos e disse:

— Quantos anos você tem?

— Isto eu não sei — foi a resposta.

— E como você se chama?

— Naissa.

— Passe bem, Naissa, e não se esqueça de mim!

— Naissa não esquece o senhor.

Afastando-se, tomou o caminho de casa, concentrado nos seus pensamentos. Já escurecera quando entrou no quarto e só então percebeu que naquele dia, pela primeira vez, não trouxera do passeio nenhuma borboleta, besouro, folha ou flor. Ademais, seus aposentos e aquele triste alojamento de solteiros habitado pelos criados ociosos do insensível e rabugento Sr. Bradley nunca lhe pareceram tão horrendos e inquietantes quanto naquelas horas noturnas em que, sentado à velha mesa, sob a luz da pequena lamparina, tentou ler a Bíblia. Naquela noite, quando finalmente adormeceu, depois de muito refletir e apesar da sinfonia de mosquitos, o missionário teve um extraordinário sonho.

Vagava entre as sombras de um palmeiral, onde manchas douradas de sol dançavam sobre o solo avermelhado. Papagaios gritavam no céu, macacos atrevidos saltavam entre árvores incrivelmente altas, pequenos pássaros de olhos cintilantes voavam graciosamente e insetos de todo tipo anunciavam sua alegria em sons, cores e movimentos variados. Grato e feliz, o missionário passeava naquele cenário paradisíaco. A certa altura, chamou um dos macacos malabaristas; obediente, o irrequieto animal desceu até o chão e, gesticulando como um dedicado servo, postou-se a sua frente. Percebendo sua autoridade sobre aquele sagrado reino das criaturas, Aghion chamou em seguida os pássaros e as borboletas, que vieram em grandes e magníficos bandos. À medida que acenava e batia palmas, balançava a cabeça, piscava os olhos ou estalava a língua, todos aqueles dóceis e maravilhosos animais enchiam a atmosfera dourada, organizando-se em círculos e cortejos flutuantes, assoviando, zumbindo, piando e cantando em corais afinados, indo e vindo, procurando e seguindo uns aos outros, descrevendo no ar alegres piruetas e divertidas espirais. Era um retumbante concerto, um primoroso balé, um paraíso redescoberto, e o sonhador desfrutava aquele mundo harmônico e mágico que lhe obedecia e pertencia com um prazer quase dolorido, posto que em toda aquela alegria havia também uma leve desconfiança ou convicção, um antegozo de inconveniência e transitoriedade, aquela percepção da volúpia que, aliás, todo missionário devoto precisa ter na ponta da língua.

O angustiante antegozo não era uma ilusão, e o deslumbrado naturalista ainda se deleitava com as travessuras de um bando de macacos, acariciando uma enorme borboleta azul que pousara na sua mão esquerda e, tal qual uma pombinha, se deixava afagar, quando as sombras do medo e da dissolução começaram a rondar a mágica floresta, envolvendo a alma do sonhador. De repente, alguns pássaros começaram a emitir sons estridentes e angustiados, enquanto rajadas de vento sacudiam a copa das árvores; a luz do sol que tudo aquecia e alegrava se tornou pálida e débil, as aves se espalharam e a linda borboleta, indefesa e assustada, deixou-se levar pelo vento. Gotas de chuva estalavam contra a folhagem e o ruído distante de um trovão começou a varrer, em tons crescentes, a imensidão dos céus.

Nesse ínterim, *Mister* Bradley surgiu na floresta. O último pássaro colorido acabara de fugir. Gigantesco no porte e sombrio como a alma errante de um rei assassinado, Bradley se aproximou, cuspiu aos pés do missionário e passou a lhe dirigir palavras hostis, irônicas e ofensivas, afirmando que ele não passava de um patife e ladrão, que havia sido contratado e pago pelo seu patrono londrino para converter os pagãos, porém, em vez disso, nada fazia além de admirar a natureza, caçar besouros e passear. Arrependido, Aghion foi obrigado a admitir que o outro tinha razão e que era culpado de todos aqueles deslizes. Então, surgiram também o rico e poderoso patrono de Londres e diversos intelectuais ingleses, que, junto com Bradley, se puseram no encalço do missionário, perseguindo-o até chegarem a uma movimentada rua dos subúrbios de Mumbai, onde se via o majestoso e grotesco templo hindu. Além de cules desnudos e orgulhosos brâmanes vestidos de branco, uma colorida multidão andava de um lado para o outro. Defronte ao templo, no entanto, havia sido erguida uma igreja cristã, sobre cujo portal podia-se ver o Deus Pai esculpido na pedra, flutuando sobre nuvens, com olhar paterno e barba escorrida.

Agitando os braços, o acossado missionário galgou as escadas da morada de Deus e começou a pregar aos hindus. Em voz alta, conclamou-os a olhar na sua direção e comparar aquilo que seria a verdadeira divindade com seus pobres e grotescos deuses de vários braços e trombas. Com o dedo em riste, apontava para as figuras entrelaçadas na fachada do templo indiano e, depois, convidativo, para a imagem de Deus na sua igreja. Mas qual não foi seu espanto quando, acompanhando os próprios trejeitos, olhou para cima e constatou que o Deus Pai havia mudado: tinha agora três cabeças e seis braços; no rosto, em vez daquela austeridade impotente e até certo ponto imbecil, ostentava o sorriso de alegria e superioridade que se vê em quase todas as imagens de deuses hindus. Desanimado, o pregador se voltou para onde estavam Bradley, o patrono e os intelectuais. Haviam todos desaparecido, e ele agora estava sozinho e sem forças, no meio da escadaria; até o próprio Deus Pai o abandonara, haja vista que acenava, com seus seis braços, para o templo vizinho, sorrindo para os deuses hindus com divina serenidade.

Totalmente abandonado, confuso e envergonhado, Aghion continuou parado nas escadas. Fechando os olhos, permaneceu de pé, sentindo, no íntimo, se dissiparem todas as suas esperanças; com a tranquilidade dos desesperados, ficou à espera de que os infiéis o apedrejassem. Em vez disso, entretanto, sentiu, após uma interminável pausa, que uma poderosa, mas delicada mão, o afastava para o lado; abrindo os olhos, viu que a imensa e venerável estátua de pedra do Deus Pai descia as escadas, enquanto, do outro lado, as figuras dos deuses incrustadas no templo abandonavam, em hordas, o respectivo cenário. Cumprimentando todas elas, o Deus Pai entrou no templo hindu e, entre gestos de cordialidade, recebeu as homenagens que lhe prestavam os brâmanes vestidos de branco. Enquanto isso, a unanimidade dos deuses pagãos, com seus anéis, trombas e olhos oblíquos, visitava a igreja, achando tudo muito bom e bonito e arrastando consigo vários penitentes. Assim, formou-se, entre a igreja e o templo, um fluxo constante de deuses e pessoas; gongos e órgãos soavam em uníssono, ao mesmo tempo que, reverentes, os indianos de pele escura depositavam flores de lótus nos sóbrios altares anglo-cristãos.

No meio do cortejo festivo, a bela Naissa caminhava delicadamente, exibindo seus cabelos pretos, lisos e reluzentes e seus grandes e ingênuos olhos. Como tantos outros fiéis, ela desceu as escadas do templo e subiu os degraus da igreja, parando em frente ao missionário. Com um olhar compenetrado e carinhoso, encarou-o por alguns segundos e depois baixou a cabeça, oferecendo-lhe um botão de lótus. Em seu arrebatador encantamento, porém, ele se curvou sobre seu límpido e tranquilo rosto, beijou-a nos lábios e a tomou nos braços.

Antes que pudesse perceber a reação de Naissa, Aghion despertou do sonho, cansado e surpreso, vendo-se estirado no colchão, na mais absoluta escuridão. Torturado por uma terrível confusão de sentimentos e impulsos, encontrava-se à beira do desespero. O sonho desnudara sua própria pessoa, suas fraquezas e seu desânimo, sua descrença na profissão que abraçara, sua paixão pela bela indiana, seu ódio anticristão contra Bradley e suas más intenções em relação ao patrão inglês.

Por alguns momentos, tristonho e comovido até as lágrimas, permaneceu no escuro. Tentou rezar, mas não conseguiu; tentou repudiar seu afeto e enxergar Naissa na pele de um demônio, e também não conseguiu. Finalmente, levantou-se, semiconsciente, ainda envolto pelos fantasmas e horrores do sonho. Saindo do quarto, dirigiu-se aos aposentos de Bradley, movido não só pela irresistível necessidade de contato e consolo humanos como também pelo sincero propósito de se redimir da aversão que sentia por aquele homem, oferecendo-lhe sua amizade.

Calçando as finas sandálias de palha, esgueirou-se em silêncio através da escura varanda, até o quarto onde Bradley dormia, cuja frágil porta de bambus só cobria a metade inferior da abertura, permitindo enxergar o teto alto e levemente iluminado, pois, a exemplo de vários europeus residentes na Índia, o inglês também tinha o hábito de deixar uma pequena lamparina acesa durante a noite. Cauteloso, Aghion empurrou a porta e entrou.

Dentro de uma tigelinha de barro colocada no chão do aposento, a chama do pavio projetava incríveis e tênues sombras que subiam pelas paredes nuas. Uma mariposa escura descrevia pequenos círculos ao redor da fonte de luz. Em volta do grande estrado, o mosquiteiro havia sido cuidadosamente arrumado. Empunhando a lamparina, o missionário se aproximou da cama e afastou levemente uma das bordas do filó. Já ia chamar o outro pelo nome quando percebeu, sobressaltado, que Bradley não estava sozinho. Vestindo uma fina camisola de seda e deitado em decúbito dorsal, sua expressão, de queixo erguido, não parecia mais terna ou amigável que à luz do dia. Ao seu lado havia outra pessoa, nua, uma mulher de longos cabelos pretos. Virando-se de lado, a mulher voltou o rosto sonolento na direção do missionário, e ele a reconheceu: era a jovem alta e forte que toda semana vinha buscar as roupas para lavar.

Sem fechar o cortinado, Aghion se retirou às pressas para o quarto. Tentou mais uma vez dormir, mas não conseguiu. As experiências vividas ao longo do dia, o estranho sonho e a imagem da sonolenta mulher nua haviam provocado nele uma vigorosa excitação. Simultaneamente, sua aversão a Bradley se tornara muito maior, fazendo-o temer o momento do reencontro e dos cumprimentos por ocasião do café da manhã. O que mais o oprimia e atormentava, no entanto, era a dúvida sobre se seria ou não sua obrigação se queixar dos hábitos do companheiro e zelar pelo seu bom comportamento. A natureza de Aghion se opunha frontalmente a isto, porém seu ofício lhe parecia exigir que superasse a covardia e, intrépido, chamasse o pecador à fala.

Acendendo o lampião, entregou-se durante horas, atacado pelos mosquitos que zuniam a sua volta, à leitura do Novo Testamento, onde não encontrou segurança nem consolo. Por pouco não amaldiçoou toda a Índia ou mesmo a curiosidade e o espírito aventureiro que o haviam colocado naquele beco sem saída. O futuro nunca lhe parecera tão trágico, e ele jamais se sentira tão pouco inclinado à penitência e ao martírio como naquela noite.

Durante o café da manhã, com os olhos inchados e as feições abatidas, ora revolvia com a colher o perfumado chá, ora se dedicava ao lento e mal-humorado passatempo de descascar uma banana, até que o Sr. Bradley apareceu. Como sempre, o inglês lhe dirigiu um cumprimento frio e seco, pôs o *boy* e o aguadeiro a trabalhar aos berros, tirou do cacho de bananas, após um cuidadoso exame, a fruta mais madura e a comeu, apressado e voluntarioso, enquanto, no pátio ensolarado, o criado encilhava seu cavalo.

— Tenho ainda algo a discutir com o senhor — disse o missionário, quando o outro fez menção de se levantar. Desconfiado, Bradley olhou para ele.

— Como assim? Não disponho de muito tempo. Tem de ser justamente agora?

— Sim, é melhor que seja. Sinto-me na obrigação de lhe dizer que tenho conhecimento das relações ilícitas que o senhor mantém com uma mulher hindu. O senhor pode imaginar quanto me é penoso...

— Penoso! — gritou Bradley, erguendo-se de um salto e dando uma estrondosa e colérica gargalhada. — Meu caro, o senhor é mais burro do que eu poderia imaginar! Pouco me importa o que pensa ao meu respeito, mas andar farejando e espionando dentro da minha própria casa é algo que considero abjeto. Vou ser bem claro! Seu prazo termina no domingo. Até lá, trate de encontrar outro local para morar, na cidade, pois não o tolerarei nesta casa por mais um dia sequer!

Aghion esperava uma reação explosiva, mas nunca uma resposta como aquela. Apesar de tudo, não se deixou intimidar.

— Será um prazer — respondeu, polidamente — livrá-lo de minha inconveniente presença. Tenha um bom dia, Sr. Bradley!

Dizendo isto, retirou-se, enquanto Bradley o acompanhava com um olhar meio ofendido, meio satisfeito. Alisando o bigode, o dono da casa torceu o nariz, assobiou para seu cachorro e desceu a escada de madeira que dava para o pátio, a fim de cavalgar até a cidade.

O tempestuoso desabafo e o esclarecimento da situação foram benéficos para ambos. Aghion, entretanto, se viu diante de preocupações e decisões que, uma hora atrás, dele se mantinham a cômoda distância. Não obstante, à medida que refletia sobre seus problemas e percebia que o desentendimento com Bradley havia sido algo secundário, enquanto a solução para toda a complicada situação em que se encontrava resultara de uma necessidade inexorável, tanto melhor e mais aliviado se sentia. A vida naquela casa, o desperdício de suas energias, os apetites insaciados e as horas mortas haviam se tornado para ele um suplício que sua natureza humilde não iria suportar, de qualquer modo, por muito tempo mais.

Ainda transcorriam as primeiras horas da manhã, e seu canto predileto do jardim continuava na sombra. Ali, os galhos da vegetação agreste caíam sobre um pequeno tanque murado que outrora servira de banheira, mas que agora, abandonado, era habitado por uma colônia de tartarugas amarelas. Levando para lá sua cadeira de palha, sentou-se e ficou a observar os silenciosos animais que nadavam mansa e despreocupadamente nas águas mornas e esverdeadas do poço, piscando seus olhinhos espertos. Do outro lado, no pátio interno, o cavalariço ocioso que passava o dia acocorado em um canto começou a entoar uma canção; a melodia monótona e nasalada soava qual um marulho, pairando e diluindo-se no ar quente e úmido. Sem querer, o missionário cedeu ao cansaço de uma noite insone; fechando os olhos, deixou pender os braços e adormeceu.

Despertado pela picada de um mosquito, constatou, envergonhado, que dormira a manhã inteira. Recuperado, porém, resolveu colocar em dia e em ordem suas ideias e suas ambições, separando claramente os diversos e confusos aspectos da sua vida presente. Naquela hora, teve plena consciência de um fato que há muito o cerceava, angustiando suas noites: a viagem para a Índia não deixara de ser uma decisão correta e inteligente; quanto ao ofício de missionário, no entanto, faltavam-lhe disposição e vocação interior. Fora demasiado humilde para perceber a derrota e a infeliz carência, mas nada disso era motivo para desespero. Muito pelo contrário, parecia estar agora decidido a procurar um trabalho adequado e fazer da rica Índia um refúgio seguro e sua nova pátria. Por mais triste que fosse ver aqueles nativos venderem suas almas a falsos deuses, não lhe cabia mudar suas mentes. Sua tarefa consistia, isto sim, em conquistar aquele país, dele tirando o melhor para si e para outros, sempre disposto a oferecer, onde quer que houvesse trabalho, seus olhos, seus conhecimentos e sua juventude ávida de ação.

Ao anoitecer daquele mesmo dia, após uma breve entrevista, empregou-se como secretário e capataz de um tal Sr. Sturrock, residente em Mumbai e proprietário de um cafezal vizinho. Na oportunidade, Sturrock prometeu enviar a Londres uma carta na qual Aghion comunicava sua decisão ao antigo patrão, comprometendo-se a reembolsar, no futuro, o capital nele investido. Ao voltar para casa, o novo capataz encontrou Bradley jantando sozinho, em mangas de camisa, e antes mesmo de se sentar ao seu lado lhe contou o que havia ocorrido.

Com a boca cheia, Bradley balançou a cabeça, derramou um pouco de uísque no copo em que bebia água e disse, quase amistosamente:

— Sente-se e sirva-se. O peixe já está frio. Parece que agora somos uma espécie de colegas. Assim, desejo-lhe muitas felicidades. Plantar café é sem dúvida bem mais fácil que converter hindus, e, provavelmente, mais lucrativo também. Nunca pensei que pudesse ser tão sensato, Aghion!

A plantação que ele ia administrar se situava no interior, a dois dias de viagem, e Aghion deveria partir dentro das próximas 48 horas, acompanhado de uma tropa de cules; assim, restava-lhe apenas um só dia para se preparar. Para surpresa de Bradley, Aghion lhe pediu emprestado um cavalo para a manhã seguinte; concordando, o primeiro se absteve de quaisquer perguntas. Depois de retirado o lampião que atraía milhares de insetos, os dois ficaram sentados frente a frente, na tépida e escura noite indiana, sentindo-se mais próximos do que naqueles vários meses de convivência forçada.

— Diga-me — começou Aghion, após um prolongado silêncio —, o senhor duvidava, desde o princípio, dos meus planos missionários?

— Claro que não — respondeu Bradley, calmamente. — Que o senhor os levava a sério, isto eu podia ver.

— Mas o senhor certamente também viu quão pouco eu me prestava para o que imaginava e teria de fazer aqui! Por que, então, nunca me disse isso?

— Ninguém me contratou para tanto. Não gosto quando alguém se mete nos meus assuntos; portanto, também evito me meter na vida dos outros. Além disso, aqui na Índia, já vi pessoas tentarem e conseguirem as coisas mais estapafúrdias. Converter os infiéis era tarefa sua, não minha, e o senhor agora reconheceu, por si só, alguns dos erros que cometeu! E assim será com muitos outros...

— Que outros, por exemplo?

— Como, por exemplo, a crítica que me fez hoje pela manhã.

— Ah, por causa da moça!

— Exatamente. O senhor foi um padre, mas há de convir que um homem sadio não pode se manter como tal vivendo e trabalhando anos a fio sem privar, vez por outra, da companhia de uma mulher. Pelo amor de Deus, não vá ficar vermelho por causa disso! Veja bem: na Índia, o branco que não trouxe da Inglaterra uma mulher não tem muita escolha. Não há garotas inglesas por aqui. As que nascem no país são logo enviadas, ainda crianças, para a Europa. Só restam, portanto, duas opções: as prostitutas que andam com os marinheiros e as mulheres hindus, e eu prefiro as últimas. O que o senhor vê de errado nisto?

— Ah, Sr. Bradley, é aí que discordamos! Como diz a Bíblia e preceitua nossa religião, acho incorreta e ilegítima qualquer relação extraconjugal!

— Ainda que não haja escolha?

— Quem disse que não há escolha? Se um homem realmente ama uma mulher, deve se casar com ela.

— Mas não com uma mulher hindu, não é verdade?

— Por que não?

— Meu caro Aghion, o senhor é tão generoso quanto eu! Prefiro perder um dedo a desposar uma negra. Entendido? E o senhor, um dia, também haverá de pensar da mesma forma!

— Ah, por favor, espero que não. Já que fomos tão longe, devo lhe dizer uma coisa: apaixonei-me por uma jovem hindu e pretendo me casar com ela.

O rosto de Bradley assumiu uma expressão de seriedade.

— Não faça isso! — disse ele, quase suplicante.

— Mas é claro que vou fazê-lo — insistiu Aghion, entusiasmado. — Ficarei noivo da moça e passarei a educá-la e instruí-la por quanto tempo se fizer necessário, até que possa receber o batismo cristão; depois, nos casamos na Igreja inglesa.

— Como se chama ela? — indagou Bradley, pensativo.

— Naissa.

— E o pai dela?

— Não sei.

— Bem, ainda falta muito para o batismo. Pense a respeito, mais uma vez! É natural que um dos nossos se apaixone por uma nativa; elas são quase sempre muito bonitas. Porém só consigo vê-las como uma espécie de animalzinho, uma cabrita alegre ou uma linda corça; jamais como um semelhante.

— Isto não é um preconceito? Somos todos irmãos, e os indianos são um povo nobre e antigo.

— Sim, isto o senhor deve saber melhor que eu, Aghion. No que me concerne, respeito muito os preconceitos.

Erguendo-se, deu boa-noite e se recolheu ao quarto onde se deitara, na véspera, com a linda e alta lavadeira. "Como uma espécie de animalzinho", dissera ele, enquanto Aghion, sozinho com seus pensamentos, recusava-se a aceitar a ideia.

No dia seguinte, de manhã cedo, ainda antes de Bradley chegar para o café, Aghion mandou selar o cavalo e saiu. Na copa das árvores, os macacos ensaiavam seus primeiros gritos. O sol mal havia surgido quando ele chegou à cabana onde conhecera a bela Naissa, amarrou o animal e se aproximou da casa. Sentado na soleira da porta, o filho mais novo, nu, sorria e brincava com um cabritinho, deixando que o animal investisse contra seu peito.

Ao desviar do menino para entrar na cabana, o visitante deparou com uma jovem que saía, pulando por cima do garoto, na qual ele imediatamente reconheceu a figura de Naissa. Levando na mão direita um cântaro vazio, a moça seguiu em frente, na direção da rua, sem sequer notar a presença de Aghion, que, surpreso, a seguiu. Logo adiante, alcançou-a e lhe dirigiu um cumprimento. Erguendo a cabeça e encarando--o friamente com seus lindos olhos castanho-dourados, ela retribuiu com delicadeza, como se não o conhecesse, e, quando ele segurou sua mão, recuou assustada, afastando-se a passos apressados. Aghion a acompanhou até o tanque murado onde uma modesta fonte derramava um filete de água sobre antigas pedras cobertas de musgo; sua intenção era ajudá-la a encher e erguer o pesado vasilhame, mas ela, calada, o repeliu com um olhar obstinado. Surpreso e decepcionado diante de tanta grosseria, ele, então, colocou a mão no bolso e retirou o presente que trouxera para ela, sentindo no peito uma leve dor ao vê-la prontamente abandonar todo aquele recato e aceitar o objeto que lhe oferecia. Tratava-se de uma caixa metálica esmaltada e lindamente decorada com flores, cuja tampa circular continha, em seu interior, um pequeno espelho. Mostrando-lhe como abri-la, depositou o presente em suas mãos.

— Para mim? — indagou ela, com olhar ingênuo.

— Para você! — disse ele, e, enquanto ela se distraía com o pote, acariciou-lhe a pele aveludada do seu braço e seus longos cabelos pretos.

Então, quando ela agradeceu e, hesitante, abraçou o cântaro cheio, ele tentou lhe dizer algumas palavras de amor e carinho, das quais, obviamente, ela entendeu apenas metade. Parado ao seu lado, tentando, desajeitado, encontrar as palavras certas, ele subitamente percebeu as gigantescas dimensões do abismo existente entre os dois, e, tristonho, pensou no pouco que restara de tudo que os unia e no longo, longuíssimo tempo que seria necessário para que ela se tornasse sua noiva e companheira, entendesse sua língua, compreendesse a maneira de ser e partilhasse suas ideias.

Nesse meio-tempo, ela tomara o caminho de volta e, com ele a seu lado, se aproximava do bangalô. O menino continuava às voltas com o cabrito, sustentando uma febril disputa entre caça e caçador; à luz do sol, suas costas castanho-escuras tinham um brilho metálico, e sua barriga-d'água fazia com que as pernas parecessem finas demais. Invadido por uma estranha sensação, o inglês se lembrou de que, ao se casar com Naissa, passaria a ter como cunhado aquele ser primitivo. Na tentativa de apagar da memória aquela imagem, voltou-se novamente para a jovem. Contemplando, em suas encantadoras e delicadas feições, os grandes olhos e a boca tenra e pueril, imaginou o imenso prazer que teria em receber, daqueles lábios, seu primeiro beijo.

Imerso em devaneios, foi abalado por uma terrível e súbita aparição, uma espécie de fantasma que, saindo da cabana, imobilizou seus olhos incrédulos. Cruzando a soleira da porta e caminhando na sua direção, uma segunda Naissa estava parada a sua frente. Era o espelho da primeira, um espelho que sorriu para ele, cumprimentou-o e tirou do lenço que envolvia seus quadris um objeto liso e brilhante que, em triunfo, passou a agitar sobre a cabeça e logo foi reconhecido. Era a pequena tesoura que ele tinha dado a Naissa. A jovem que ele há pouco presenteara com o pote, admirara os lindos olhos e acariciara o braço não era Naissa, e sim sua irmã. Olhando as duas, lado a lado, era difícil perceber qualquer diferença, e o apaixonado Aghion se sentiu confuso e enganado. Duas cabras não podiam ser mais parecidas, e, se lhe fosse dada a liberdade de escolher uma das duas, para levá-la consigo e com ela viver para sempre, ele não saberia dizer qual delas seria aquela que amava. Pouco depois, deu conta de que a verdadeira Naissa era a mais velha e um pouco mais baixa, porém o amor do qual tinha tanta certeza, instantes atrás, se desfizera com a mesma rapidez, partindo-se em dois como a imagem da jovem que misteriosa e inesperadamente se duplicara diante dos seus olhos.

Bradley nada soubera acerca do encontro, e também nada perguntou quando Aghion retornou para o almoço e, calado, sentou-se à mesa. Na manhã seguinte, os cules de Aghion chegaram cedo, apanharam malas e caixotes e saíram. Ao se despedir do dono da casa, o viajante externou sua gratidão e lhe estendeu a mão, que Bradley segurou vigorosamente, dizendo:

— Boa viagem, meu jovem! Haverá de chegar o dia em que o senhor sucumbirá ao desejo de ver novamente, em lugar dos focinhos hindus, uma autêntica e loira cabeça inglesa! Nesse dia, venha a minha casa, pois então estaremos de acordo em tudo aquilo que hoje nos difere!

TODAS AS RELIGIÕES DO MUNDO me são caras e dignas de respeito, pois a fonte de todas elas se encontra naquilo que talvez seja o mais nobre atributo do ser humano: a devoção. Não obstante, costumo distinguir as religiões não apenas em função dos seus níveis intelectual e cultural mas também conforme sua tolerância. Neste último caso, a cristã infelizmente não figura entre as cordiais, indulgentes e tolerantes, mas entre as missionárias, arrogantes, exclusivistas e violentas.

PESSOALMENTE, NÃO ACREDITO QUE DUAS, seis ou mais formas de cosmovisão não possam coexistir pacificamente, assim como não compreendo que a maneira pela qual uma pessoa enxerga o mundo seja ou tenha de ser uma arma de guerra. Tenho minha fé, metade por ascendência, metade por experiência, e ela não me impede de ter respeito por outras crenças.

O MEFISTÓFELES DE GOETHE SE diz parte da força que "sempre procura o Mal e sempre faz o Bem". Há também o contrário, isto é, os muitos que querem o bem e quase sempre fazem o mal, que praticam a violência contra a vida e que empobrecem o rico mundo de Deus, e neste grupo também se encontram, vez por outra, padres e teólogos. O desempenho ocasional deste triste papel não pode, entretanto, nos levar, na qualidade de devotos universais, a repudiar os teólogos e negar seu valor. Tanto quanto o livre-pensador, o poeta, o sábio e a criança, o teólogo também é um eleito de Deus, uma das mil máscaras e vestimentas de Deus e da eterna vida.

TODA RELIGIÃO É BELA. RELIGIÃO é alma, não distingue o que participa da ceia cristã daquele que peregrina a Meca.

A RESPEITO DE RELIGIÃO E moral... e da questão sobre budismo, cristianismo ou Laozi, ainda há muito por dizer. Da minha parte, não creio de forma alguma que exista uma única, melhor e verdadeira religião ou doutrina — de que adiantaria? O budismo é muito bom, e o Novo Testamento também, cada qual no seu tempo e onde se faz necessário. Há pessoas que necessitam da ascese e outras que têm carências diversas, assim como a mesma pessoa não tem sempre as mesmas necessidades, buscando ora energia e atividade, ora introspecção, ora diversão, ora trabalho. Assim somos, os seres humanos, e qualquer tentativa de nos transformar é sempre malsucedida. Considerando simpatia, bondade e compaixão os dons mais elevados, Francisco de Assis foi então o mais grandioso de todos os homens, enquanto Calvino, Savonarola e Lutero não passavam de fanáticos incultos e criminosos. Todavia, valorizando virtudes como a integridade e a heroica obediência diante das exigências da própria consciência, concluiremos então que Calvino e Savonarola foram realmente grandes homens. A verdade está dos dois lados, e ambos têm razão.

O que vejo como ideal humano não se traduz em uma virtude qualquer ou em uma determinada crença, mas sim no dom mais elevado que o ser humano pode almejar, ou seja, a maior harmonia possível da alma de cada indivíduo. Quem consegue esta harmonia, desfruta o equilíbrio que a psicanálise chamaria de livre disponibilidade da libido e que o Novo Testamento resume na expressão "tudo é Vosso".

SIM, OS OLHOS HINDUS, ROMANOS e judaicos são muito diferentes, graças a Deus. Nações, culturas e línguas são todas árvores, mas uma é tília, outra é carvalho, outra é abeto etc. O intelecto, seja na pele de um teólogo ou em qualquer outra, tem sempre uma tendência um pouco exagerada para a abstração, para a trivialidade e para a tipificação, satisfazendo-se com o conceito de "árvore", enquanto a "árvore" de nada serve ao corpo e à alma, que exigem e amam a tília, o carvalho e o abeto. Por isso, é bem provável que os artistas estejam mais próximos do coração de Deus que os pensadores. Se Deus se apresenta aos hindus e aos chineses de forma diferente daquela em que é visto pelos gregos, isto não significa falta, mas sim abundância, e, se alguém tentar resumir todas essas formas de aparição divina em uma só palavra, esta não será carvalho ou castanheira, e sim, na melhor hipótese, "árvore".

É preciso experimentar constantemente o que é difícil, porém salutar. Difícil, porém salutar, é abrir os ouvidos do Ocidente para as vozes da antiga Ásia. Em lugar algum estas vozes soam tão comoventes, tolerantes, maduras e desapaixonadas quanto na Vedanta e nos sermões de Buda. Elas têm sido a bíblia de uma comunidade de muitos milhões, pregada por milhares de mestres monásticos, objeto de devoção e meditação para milhões de fiéis. Publicadas somente agora, em nosso tempo, as traduções de Neumann para o alemão constituem uma preciosa obra de amor, paciência e reflexão. É bom que volte agora a ser publicada, tornando-se, para muitos, uma pedra de escândalo; e, para outros tantos, uma luz e um grito de alerta.

MAIO DE 1955 (A) HERMANN HESSE

Harmonia entre pensamento lógico e intuitivo

A EUROPA COMEÇA A PERCEBER, nos muitos sintomas de decadência, que o exacerbado partidarismo da sua cultura espiritual (que se manifesta mais claramente na especialização científica) necessita de uma correção, uma renovação a partir dos polos opostos. O anseio geral não corresponde ao novo conceito de ética e à nova maneira de pensar, mas tão somente a uma cultura voltada para as funções espirituais que não fazem justiça a nossa espiritualidade intelectual. O anseio geral não encontra mais satisfação em Buda ou Laozi do que na ioga. Aprendemos que o ser humano pode cultivar seu intelecto, atingindo surpreendentes níveis de desempenho, sem que precise se tornar senhor da própria alma.

De vez em quando, as traduções de Neumann [dos sermões de Buda], devido ao literalismo das aparentemente intermináveis repetições, são motivo de chacota nos meios literários alemães. Para muitos, a suave e prolongada sequência de reflexões faz lembrar um moinho de orações. Esta crítica, por mais hilariante que possa parecer, provém de uma concepção incapaz de fazer jus ao tema. É que os sermões de Buda não são compêndios de uma doutrina, mas sim exemplos de meditações, a partir das quais o pensamento reflexivo é a única coisa que podemos aprender. Se a meditação pode ou não levar a outros resultados mais valiosos que o pensamento científico, isto é uma questão em aberto. O propósito e o resultado da meditação não são a percepção nos moldes da nossa inteligência ocidental, e sim uma transposição do estado consciente, uma técnica cujo principal objetivo é a harmonia total, o esforço conjunto, simultâneo e uniforme, dos pensamentos lógico e intuitivo. Quanto à acessibilidade desta meta ideal, não nos cabe opinar, porquanto, nessa técnica, ainda somos crianças e aprendizes. Para quem queira conhecer a técnica da meditação, contudo, não há caminho mais direto que a dedicação aos citados sermões de Buda.

Há inúmeros professores alemães inquietos que temem uma invasão budista e o consequente declínio do intelecto ocidental. Porém, o Ocidente não sucumbirá, e a Europa jamais será um reino do budismo. Quem lê os sermões de Buda e por conta deles se torna budista pode ter encontrado um conforto íntimo — porém escolheu uma saída de emergência, em vez do caminho que Buda nos pode talvez mostrar.

A mulher da moda, que coloca ao lado da estatueta de bronze de Buda, vinda do Sião (atual Tailândia) ou do Ceilão (atual Sri Lanka), os três volumes dos sermões de Buda, terá tanta dificuldade para encontrar aquele caminho quanto o asceta que, fugindo da solidão de um cotidiano vazio, se entrega ao ópio de um budismo dogmático. Quando nós, ocidentais, conseguirmos aprender alguma coisa sobre meditação, os resultados que obteremos serão muito distintos daqueles obtidos pelos hindus. Para nós, a meditação não se transformará em ópio, mas sim em uma profunda autoconsciência, tal qual se apresentava outrora, como primeiro e mais sagrado desafio, aos discípulos dos sábios gregos...

O conteúdo ideológico dos ensinamentos de Buda é apenas metade da sua obra; a outra metade é sua existência, composta de experiências vividas, trabalhos realizados e feitos conseguidos. Nesta, uma rigorosa disciplina é praticada e ensinada, uma disciplina espiritual no mais alto nível, da qual os ignorantes não têm a menor ideia, que nos fala do "quietismo" e do "onirismo hindu" de Buda, entre outras coisas, e que o priva daquela cardinal virtude ocidental: a atividade. Ao contrário, vemos Buda exercer sobre si mesmo e seus jovens discípulos um trabalho e uma disciplina, empregando a iniciativa e a persistência em doses capazes de impor respeito ao dinamismo dos mais autênticos heróis europeus. Quanto aos "conteúdos" daquela nova religião ou religiosidade que pressentimos ou mesmo desejamos, não há muito a descobrir e aprender com Buda, pois a "substância" da sua doutrina já foi posta a nossa disposição por vias filosóficas, quanto mais não seja, pelas voltas nem sempre muito nítidas da pena de Schopenhauer. A expressão "nova religião", por sua vez, está mais distante da ideia de conteúdos ideológicos que daquela de novos e vivazes símbolos para exprimir ideias ancestrais. De certo modo, as religiões surgem sem nossa ajuda e se sobrepõem a nós. A nós cabe apenas cultivar a disposição para manter acesa a "chama".

Um dos vetores dessa disposição é a capacidade de respeitar. Se tivéssemos por Buda o mesmo respeito que temos pelos santos, daríamos graças ao ouvir também sua voz igualmente sagrada, e, a rigor, eu não saberia dizer que males daí poderiam advir. As precauções que hoje frequentemente adotamos contra o perigoso "Oriente" provêm, todas elas, de redutos que não passam de partidos preocupados em preservar um dogma, uma facção ou uma receita.

A LUZ QUE EMANA DO Oriente, sobretudo a sabedoria da Índia, e os verdadeiros ensinamentos de Cristo têm muito mais em comum do que aquilo que os sacerdotes admitem.

Lembrança da Ásia

HOJE, AO PENSAR NO ORIENTE, três anos após meu retorno da Malásia, vejo que as fotos daquela viagem estão levemente desbotadas e vulgarizadas em seu significado; o Colombo de Cingapura, o Ippoh de Kuala Lumpur e o Batang Hari de Moesi não mais se destacam em suas individualidades emolduradas. Para isso, concorreram alguns fatores de peso. Se hoje me perguntarem acerca de detalhes notoriamente perceptíveis em Palembang, Penang ou Djambi, terei de pesquisar e fazer um grande esforço para encontrar alguma coisa palpável, mas, se me perguntarem sobre a validade e as principais impressões da viagem como um todo, terei a resposta na ponta da língua, como se tivesse acabado de chegar.

As impressões que a seguir relato são o resultado da condensação e da combinação das centenas de pequenos detalhes que compõem as principais experiências por mim vividas durante as semanas que passei nas cidades e nas florestas de Sumatra e da península malaia.

A primeira e talvez mais forte impressão exterior diz respeito aos chineses. Até então, eu de fato não conhecia o verdadeiro significado da palavra povo, a reunião de várias pessoas ligadas por raça, religião, afinidade espiritual e unidade de pensamento em termos de ideais de vida em um só corpo, onde cada indivíduo que o serve desempenha o papel de uma célula, como a abelha de uma colmeia. Aprendi a distinguir franceses de ingleses, alemães de italianos, bávaros de suábios e saxônios de francônios; dos ingleses, e somente deles, herdei a singular noção de uma comunidade orgulhosa da sua raça e da sua história, da qual não faziam parte as classes inferiores. Entre os chineses, vi pela primeira vez o domínio absoluto do coletivo sobre o individual. Na aparência exterior e na expressão, malaios, hindus e negros causam a mesma impressão; cores, usos e costumes conferem a essas massas uma flagrante unidade. No caso dos chineses, porém, percebe-se, logo a princípio, que se trata de um povo civilizado, um povo criado e educado em um longo contexto histórico e que, consciente da própria cultura, não olha para trás, mas sim para um dinâmico futuro.

A impressão causada pelos nativos, entretanto, é bem diferente. Entre estes, incluo, a despeito do seu comércio, da sua crença islâmica e da sua manifesta civilidade, os malaios. Em relação aos chineses, meus sentimentos sempre foram de profunda simpatia, ainda que associada a uma leve suspeita de rivalidade e perigo. Na minha opinião, devemos estudar o povo da China como um concorrente em igualdade de condições, passível de se tornar amigo ou inimigo conforme a situação e capaz, em qualquer caso, de nos ser extremamente útil ou prejudicial. Tal não acontece com os aborígines, que também conquistaram, de pronto, meu afeto. Neste caso, porém, foi como o amor do filho mais velho pelos irmãos mais novos e mais fracos, foi o despertar do sentimento de culpa próprio do europeu, que até hoje se apresenta a esses povos como ladrão, conquistador e explorador, e nunca como irmão protetor, amigo compassivo e líder prestimoso. Quanto a esperar, desses povos marrons e de boa índole, grandes prejuízos ou benefícios para nossa cultura, são remotas as probabilidades, mas não se pode negar que a alma da Europa os contempla cheia de culpas e pecados não redimidos. Perante nossa civilização, os povos oprimidos dos países tropicais se situam como credores de legítimos e antigos direitos, tal como a classe operária da Europa. O drama de consciência daquele que passa em seu automóvel, vestindo um casaco de pele, por um trabalhador que volta a pé para casa, cansado e com frio, não é mais sério que o enfrentado por aquele que no Ceilão, em Sumatra ou em Java vive como rei, cercado de silenciosos serviçais negros.

A terceira grande impressão da minha viagem se refere à mata virgem. Não conheço as modernas teorias acerca do mais remoto habitat dos seres humanos; para mim, a floresta tropical continua sendo, pelo menos do ponto de vista simbólico, a origem da vida, o elementar e primitivo cadinho onde são fabricadas, com sol e terra úmida, todas as formas vivas. No meio da floresta, nós, que vivemos em países cujos recursos naturais já foram totalmente explorados ou pelo menos descobertos e mensurados, com nosso raciocínio condicionado a cifras e medidas, nos sentimos no berço da vida; lá, percebemos que a Terra não é uma estrela resfriada, em seus últimos estertores, mas uma antiga massa que ainda procria. Para pessoas habituadas a campos rigorosamente delimitados, bosques cuidadosamente plantados e reservas de caça regulamentadas, um passeio fluvial no meio de crocodilos, garças, águias e grandes felinos e um amanhecer na selva, quando nos galhos ensolarados da pujante vegetação grandes bandos de macacos saúdam aos gritos o raiar de um novo dia, são experiências fantásticas e impressionantes. Além disso, quem penetra na mata úmida e abafada em busca de pássaros ou borboletas percebe, também, o cheiro do perigo, a sensação da inutilidade do indivíduo, os segredos, as possíveis ameaças e, a cada metro quadrado, a exuberância da vegetação e a opulência da vida animal. Tudo isso, é claro, sob o antigo e na Europa mil vezes esquecido domínio do sol! O simples anoitecer, que tudo transforma, o calor do súbito amanhecer, que traz a vida de volta, as violentas chuvas e as trovoadas que vêm e vão com incrível rapidez e o odor da terra fértil molhada, cálido e levemente animalesco, são para nós um misterioso e instrutivo retorno às origens da vida.

Finalmente, a mais forte de todas as impressões vem do íntimo: é a organização e a dependência religiosas de todos aqueles milhões de almas. O Oriente inteiro respira religião, assim como o Ocidente respira razão e tecnologia. Comparada à protetora, zelosa e confiável religiosidade dos asiáticos, sejam eles budistas, muçulmanos ou de qualquer outra crença, a vida espiritual dos ocidentais parece primitiva e entregue aos caprichos do acaso. Esta impressão domina todas as demais, pois aqui a força do Oriente defronta a fraqueza e a necessidade do Ocidente, enfatizando e ratificando todas as dúvidas, preocupações e esperanças contidas em nossas almas. Aonde quer que formos, reconhecemos a superioridade da nossa civilização e da nossa tecnologia, mas por toda parte vemos o religioso povo do Oriente desfrutando um bem que nos falta e que, por isso mesmo, consideramos ainda mais valioso que aquela supremacia. É evidente que nada do que importarmos do Oriente será capaz de nos ajudar, ainda que nos remontemos à Índia ou à China, ainda que busquemos refúgio em uma proposta qualquer de cristianismo eclesiástico. Tanto ou mais evidente, porém, é o fato de que a salvação e a continuidade da cultura europeia só serão possíveis mediante o reencontro com a vida espiritual e com os bens imateriais comuns. Podemos duvidar de que a religião seja algo passível de superação e substituição, mas que ela ou seu substituto constitui nossa maior carência é algo que, após o convívio com os povos asiáticos, nunca me pareceu tão nítido e insofismável.

OBVIAMENTE, EXISTE APENAS UM DEUS e uma só verdade, aceitos conforme as peculiaridades de cada povo, época e indivíduo, assumindo sempre novas formas. Dentre essas formas, uma das mais belas e mais difundidas é o Novo Testamento, do qual realmente só conheço os Evangelhos e um pouco das epístolas de Paulo. Considero alguns adágios do Novo Testamento, assim como outros de Laozi, de Buda e dos upanixades, o que há de mais verdadeiro, conciso e vibrante no contexto de todas as coisas já ditas e vistas sobre a face da Terra. Para mim, contudo, o caminho cristão que conduz a Deus foi mal construído por uma severa educação religiosa, pelo caráter ridículo e querelante da teologia, pela monótona e bocejante solidão das igrejas, e assim por diante. Portanto, fui procurar por Deus usando outros caminhos, e logo encontrei os hindus, que já conhecia de casa, haja vista que meus ascendentes, avô, pai e mãe, tinham estreitas relações com a Índia, falavam os idiomas hindus etc. Mais tarde, encontrei também o caminho chinês, por meio de Laozi, que foi para mim a mais libertadora de todas as experiências. Ao mesmo tempo, é claro, não deixei de me dedicar com o mesmo afinco a modernas pesquisas e problemáticas, lendo Nietzsche, Tolstói e Dostoiévski, mas só descobri a almejada profundidade nos upanixades, em Buda, em Confúcio, em Laozi e, mais tarde, ao superar pouco a pouco minha antiga e particular aversão à forma cristã de encarar a verdade, também no Novo Testamento. Não obstante, permaneci fiel ao caminho hindu, apesar de não considerá-lo melhor que o cristão, por ser contrário à arrogância cristã, ao monopólio de Deus e à onisciência, que começa com Paulo e prossegue por toda a teologia cristã, e também porque os hindus, auxiliados pelos métodos da ioga, conhecem formas melhores, mais práticas, mais inteligentes e mais profundas de procurar a verdade... Não acho que a sabedoria hindu seja superior à cristã; apenas a considero menos espiritualista, menos intolerante, mais ampla e mais livre. Isto se deve ao fato de a verdade cristã ter sido em mim inoculada, ainda na juventude, de maneira insuficiente... Para outras pessoas, todos os caminhos levam a Deus, ao centro do universo.

Todavia, a experiência em si é sempre a mesma. A pessoa que começa a perceber a verdade, que dá conta da essência da vida e dela tenta se aproximar, desperta, infalivelmente, seja na roupagem cristã, seja em qualquer outra, para a realidade de Deus ou, como queiram, da existência da qual fazemos parte, que todos almejamos, à qual podemos nos entregar e sem a qual o redivivo não pode nem quer mais viver.

Para as pessoas altamente intelectualizadas, tais experiências são, em parte, memória e intuição, não deixando de constituir uma manifestação necessária, capaz de se projetar sem nenhuma ajuda do pensamento ou do conhecimento, de simplesmente construir uma vida na qual buscamos cada vez mais a perfeição, a santidade e a eternidade, e de fazer com que nos mostremos cada vez mais indiferentes diante dos valores e das realidades daquele outro mundo, também conhecido por mundano.

Igrejas e capelas de Ticino

ENTRE OS ENCANTOS AUSTRAIS QUE saúdam os protestantes do Norte nas regiões ao sul dos Alpes encontra-se o catolicismo. Para um jovem como eu, criado em uma família de protestantes ortodoxos, a primeira viagem à Itália foi um acontecimento inesquecível. Fascinado e surpreso, conheci a vida simples e ingênua de um povo ao redor dos seus templos e da sua religião, um poder eclesiástico central e estável do qual emanava um fluxo constante de cores, conforto e música, de alegria e vibração. Ainda que o catolicismo esteja em decadência na Itália e nos Alpes (em Ticino, onde ele saltava aos olhos, as belas e antigas igrejas já não estariam hoje em maioria), a Igreja, comparada ao Norte, ainda se faz presente em sua visibilidade, como poderoso e materno centro de gravidade da vida. Para uma pessoa criada no protestantismo e na dor de consciência não há nada mais prazeroso e comovente que a visão da religiosidade pura, manifesta e adornada. Seja em um templo do Ceilão ou da China, seja em uma capela de Ticino, esta visão nos traz a lembrança da infância espiritual perdida, de paraísos distantes, de uma devoção primitiva e da inocência da vida religiosa. E são justamente aquele prazer e esta inocência o que mais falta aos intelectualmente insaciáveis europeus.

Provérbio

DE TODAS AS COISAS HÁS DE SER
Como irmão e irmã, tu e elas,
Deixando-as em ti florescer,
Sem saber o que é teu, o que é delas.

Estrelas e folhas não podem cair:
Com elas haverás de envelhecer!
Só assim poderás, no porvir,
A todo instante, como elas, renascer.

Toda vez que eu atravessava os Alpes, me sentia bafejado pelo clima quente e comovido pela suave advertência dos primeiros acordes da pronúncia carregada, dos primeiros terraços de videiras e das primeiras imagens de inúmeras e belas igrejas e capelas, como se invadido pelas lembranças de uma vida meiga, indulgente e maternal, de uma humanidade mais ingênua, simples, devota e feliz. No íntimo, me parecia cada vez mais impossível separar a fé católica da Antiguidade. Da mesma forma que a velha arte romano-mediterrânea de cultivar o solo, construir terraços de vinhas e plantar amoras e oliveiras ainda mantém inalteradas suas antigas e rígidas formas, também se preservam até hoje, nas terras ao sul dos Alpes, as crenças e os cultos pagãos, contempladores e iconográficos da Antiguidade. Onde, no tempo dos romanos, havia um templo, há hoje uma igreja; onde outrora se erguia um pequeno e primitivo obelisco dedicado a uma divindade do campo ou da floresta, hoje existe uma cruz; no lugar do delicado santuário em homenagem a uma ninfa ou deusa local, encontra-se hoje a gravura ou o nicho de um santo. Como os antigos, as crianças brincam ao redor desses nichos e os enfeitam com flores. Andarilhos e pastores acorrem a esses locais, onde há sempre um cipreste ou um carvalho. Uma vez ou outra, em um ensolarado domingo de verão, o bispo passa em procissão, com seus lindos paramentos azuis e dourados, benzendo e consagrando o pequeno relicário, para que ninguém se esqueça de que aquele local continua sendo uma fonte de consolo e alegria, um altar para exortar a Deus e refletir sobre nossos mais sublimes anseios.

No Ticino suíço, particularmente, este cenário sempre me tocou fundo. Quando se chega às encostas sul dos Alpes, penetrando na terra do sol abundante e da velha cultura europeia, o que impressiona não são apenas o calor, a bela maneira de falar e os interessantes terraços de vinhas mas também as obras religiosas, antigas ou novas, as igrejas, as capelas e os oratórios. Tudo é belo, sem exceção, pois os ticinianos têm, desde a Antiguidade, excelentes arquitetos e pedreiros, muitos dos quais ajudaram a construir diversas grandes obras, inclusive na Itália. Sempre maravilhosas são também as sedes das prelazias, que nos lembram Lugano, Tesserete, Ronco, Sant'Abbondio de Gentilino e a Madonna del Sasso. Igualmente belos e bem-feitos são os acessos aos santuários; evocando uma leve obrigação, ruas ou pontes muradas conduzem ao templo, diante do qual somos acolhidos em um pátio. Para chegar a uma igreja, não há subida ofegante ou descida desabalada, e o peregrino encontra sempre a mesma praça, ainda que às vezes pequena, cujas árvores oferecem sombra e proteção à entrada de um átrio. Visto de longe, sombrio e venerável sob seus três ou cinco arcos, o pórtico é um apelo e um convite à visitação.

A exemplo de todas as demais construções desta terra rica em pedra e pobre em madeira, as igrejas e as capelas são inteiramente de alvenaria. Nas pequenas aldeias, as igrejinhas são rústicas e despojadas, os muros são lisos e até os telhados são cobertos com placas de gnaisse, destacando-se apenas no frontão e no campanário. Em outros lugares, as paredes são rebocadas e, não raro, cobertas com lindos afrescos, embora o clima não favoreça a conservação das pinturas murais nas partes externas. É bem possível que se encontrem igrejas pobres e modestas, mas raramente se verá uma em ruínas.

No centro de qualquer cidade ou aldeia, a igreja ocupa uma posição de destaque, realçada pela silhueta do campanário, de tal forma que a remota devoção sobressai por todo o país, até mesmo nos vales e nas montanhas mais distantes e menos acessíveis. Nos mais remotos rincões, onde houver uma cabra pastando ou alguém puder encontrar sustento, sempre haverá, aqui e acolá, um pequeno santuário, uma capela à beira do caminho, onde a estrada passa sob o alpendre que protege o viajante contra a chuva, uma pequena e delicada cruz ou um minúsculo mural, coberto por um telhado de pedras e pintado em cores antigas e desbotadas. Na primavera, em todos eles se veem jarros, canecas ou latas cheios de flores, colocados pelas crianças.

Mesmo sem entrar em nenhuma dessas moradas de Deus, a pessoa se sente por elas lembrada. Quem chega ao cume de uma montanha e quer descansar, ou quem procura uma sombra ao longo do caminho ensolarado, pode sempre desfrutar seu abrigo. Quer como cartão-postal ou local de descanso, quer como ponto de referência ou conforto para os olhos nas subidas e descidas do terreno acidentado, todos as veem com simpatia e nelas são bem-vindos. Em seu interior, no entanto, frequentemente há obras raras, belas e preciosas. Dos quadros de Luini, em Lugano, até uma pequena e desconhecida capela escondida no topo das montanhas, é sempre possível encontrar, nas igrejas espalhadas por todo o Ticino, uma foto qualquer, um afresco, um altar em relevo, uma pia batismal e uma escultura em gesso capazes de testemunhar tanto os vínculos daquela região montanhosa com a cultura clássica italiana quanto a antiga inclinação dos ticinianos para as artes plásticas. Eu poderia citar centenas de exemplos, mas não pretendo aqui destacar este ou aquele, fazendo o papel de guia turístico. É muito melhor andar sem guia, e quem se dispuser a caminhar pelo Ticino logo terá, no meio de uma extraordinária paisagem, a grata surpresa da descoberta de valiosos e ainda intactos tesouros da arte antiga.

Caras igrejas do Ticino, caras capelas e capelinhas! Por quantas e boas horas desfrutei vossa hospitalidade! Quanta alegria senti, sob quantas árvores descansei, quantos prazeres encontrei nas artes e no chamamento ao essencial, à alegre, corajosa e manifesta devoção pela vida! A quantas missas assisti, quantos corais ouvi, quantas procissões coloridas vi deixarem vossos portais e se perderem na paisagem! Vós sois parte desse país, como as serras e os lagos, como os agrestes e os profundos vales, como a melodia harmoniosa e delicada de vossos campanários, como as sombrias grutas das florestas e os altos píncaros das montanhas. Vossas sombras são acolhedoras, mesmo para aqueles que professam outras crenças.

Caminho para o interior

QUEM DO INTERIOR DESCOBRE O CAMINHO,
Quem, no ardor da contemplação,
Percebe, um dia, do saber no ninho,
Que Deus e o mundo, em sua razão,
São imagens e símbolos, somente,
Para este, o pensar e o agir serão
Um diálogo com a própria mente,
Onde Deus e o mundo já estão.

Capelas

A CAPELA COR-DE-ROSA, COM UM pequeno alpendre, deve ter sido construída por pessoas muito boas e ternas, gente muito devota.

Estou acostumado a ouvir que não há mais pessoas devotas. Até se poderia dizer, da mesma forma, que hoje não existe mais música ou céu azul. Acredito que há muitos devotos. Eu mesmo sou um deles. Mas nem sempre fui assim.

O caminho para a devoção pode variar de uma pessoa para outra. O meu passou por muitos erros e sofrimentos, por muita autodestruição, por consideráveis tolices, montanhas de tolices. Tornei-me livre-pensador e achava que a devoção era uma doença da alma. Tornei-me asceta e deixei que pregos transpassassem minha carne. Não sabia que devoção era sinônimo de saúde e serenidade.

Ter devoção é ter confiança, a confiança das pessoas simples, saudáveis e inocentes, das crianças, do selvagem. Nós, que nada tínhamos de inocentes, tivemos de nos valer de atalhos para encontrar a confiança. Tudo começa pela autoconfiança. A fé não se obtém com ajustes de contas, culpas ou maus pensamentos, nem com mortificações ou sacrifícios. Tais esforços são voltados para deuses que vivem fora do nosso corpo. O Deus em quem queremos crer habita em nosso íntimo. Quem diz não a si mesmo não pode dizer sim a Deus.

Ó queridas e íntimas capelas deste país! Tendes convosco os sinais e as inscrições de um deus que não é o meu. Vossos fiéis dizem preces que não conheço. No entanto, posso orar em vossos interiores tão bem quanto entre os carvalhos ou no topo de uma montanha. De vosso verde, amarelo, branco ou rosa brotam jovens que mais parecem canções primaveris. Para vós, toda oração é legítima e sagrada.

A prece é tão sagrada e curativa quanto a música. Prece é confiança, confirmação. Quem ora de verdade nada pede, fala apenas do seu estado e das suas necessidades, canta para si a própria canção e a própria gratidão, assim como cantam as crianças. Assim oravam os ermitãos retratados entre oásis e cabras, no cemitério da catedral de Pisa, compondo a mais bela de todas as imagens que existem no mundo. Com eles, oram também as árvores e os animais. Nos traços de um grande pintor, todas as árvores e montanhas oram.

Quem provém de uma fervorosa família protestante tem de percorrer um longo caminho até esta oração. Conhece os infernos da consciência, conhece os espinhos mortíferos da perdição, conhece a dissensão, a dor e o desespero em todas as suas formas. No fim da jornada, surpreso, percebe quão simples, ingênua e natural é a glória que tanto procurou ao longo de tão espinhoso caminho. Aquele que volta para casa é diferente daquele que sempre esteve lá; tem um amor mais profundo e está livre da justiça e da ilusão. Justiça é uma virtude dos que ficaram em casa, uma antiga virtude, uma virtude do homem primitivo. Nós, mais recentes, podemos dispensá-la. Temos uma só fortuna, o amor, e uma só virtude, a confiança.

Invejo-vos, capelas, por seus fiéis e por suas comunidades. Centenas de penitentes a vós se queixam das suas mágoas, centenas de crianças enfeitam vossas portas e vos trazem suas velas. Nossa fé, entretanto, a devoção dos que percorreram o longo caminho, é solitária. Os que professam a antiga crença não querem nossa companhia, e as marés do mundo passam longe da nossa ilha.

No campo mais próximo, colhi flores, trevos, prímulas e margaridas e as depositei na capela. No silêncio da manhã, sentei-me no parapeito, sob o alpendre, e sussurrei um cântico de fé. Meu boné estava sobre o muro, e uma borboleta veio pousar sobre ele. Do vale distante veio o apito agudo e suave de um trem. Nos arbustos, ainda cintilavam, aqui e acolá, as gotas do orvalho matutino.

Toda noite

TODA NOITE DEVES PENSAR
Se teu dia vai a Deus agradar,
Se é feliz em ações e lealdade,
Se é triste de medo e intranquilidade;
A quem amas deves pelo nome chamar,
Ódios e injustiças, calado, aceitar,
De todo mal, no íntimo, te envergonhar,
Sem as sombras para a cama levar,
Da alma de tudo cuidar,
Depois deixá-la, inocente, descansar.

Consolado em teu ego esclarecido,
Deves lembrar do que a ti é mais querido,

Tua mãe, tua infância distante;
Vê, estás maduro e pronto, doravante,
Para na fonte noturna beber à vontade,
Onde os sonhos dourados se tornam realidade,
E o novo dia, de alma leve e salutar,
Como herói e vencedor começar.

QUEM NÃO VÊ EM DEUS um ídolo e não crê que a oração seja uma fórmula mágica, mas sim a mais pura síntese de todas as forças interiores, um ardente desejo de fazer o bem, o melhor e o necessário, é capaz de retirar, das preces de hoje, a energia para toda a vida, pois elas o obrigam a testar o próprio coração, a combater a preguiça e a fortalecer as aspirações, trocando os pequenos interesses individuais pelo grande bem coletivo.

QUE O SER HUMANO NÃO pode ao mesmo tempo meditar e agir é um fato concreto que não carece de explicação, assim como nenhum médico jamais precisou demonstrar que o ser humano não pode, ao mesmo tempo, inspirar e expirar. É uma coisa de cada vez, no ritmo e na polaridade que regulam a vida. Nas últimas décadas, nos cansamos de ver para onde nos leva o desprezo pela reflexão em benefício da rigidez na ação: à veneração ao puro dinamismo, se possível, como recompensa pela perigosa vida, ou, simplificando, a Adolf e Benito. Esta cantiga, ainda que entoada por uma voz boa e afinada, não me diz coisa alguma.

No albergue noturno

Tu riste porque rezei;
Sinto muito que tenhas olhado
E que não tenhas calado...

Quando menino aprendi —
Em teus olhos, ter a esperança
De que me tivesses entendido —
Ou será que nunca fostes criança?

Execução

O mestre descia a montanha, após uma caminhada com seus jovens discípulos. Chegando ao vale, o grupo se aproximou dos muros de uma grande cidade, onde a multidão se reunia defronte aos portões. Mais de perto, viram um cadafalso armado e o carrasco empenhado na tarefa de retirar, de uma carroça, um homem consumido pela prisão e pela tortura, arrastando--o até a guilhotina. O povo se espremia para ver o espetáculo; entre zombarias e xingamentos, aguardavam, com prazer e curiosidade, a decapitação do condenado.

— Quem será este? — perguntaram os jovens, uns aos outros. — Que mal terá feito, para que o povo deseje a sua morte com tanto rancor? Não se vê ninguém chorar ou demonstrar compaixão.

— Creio — disse o mestre, tristonho — que se trata de um herege. — Seguindo em frente, o grupo se encontrou com a multidão, e os jovens, interessados, indagaram do povo o nome e o crime do homem que acabava de se ajoelhar no patíbulo.

— É um herege! — gritou o povo, furioso. — Olha lá! Ele está baixando a maldita cabeça! Fora com ela! Não é que o cachorro queria nos ensinar que o paraíso só tem duas portas, quando todos sabemos que são doze!

Admirados, os jovens se voltaram para o mestre e perguntaram:

— Como foi que adivinhou, mestre?

Sorrindo, o mestre seguiu em frente.

— Não foi difícil — respondeu, calmamente. — Se ele fosse um assassino, um ladrão ou qualquer outra espécie de criminoso, teríamos visto, no povo, simpatia e compaixão. Muitos teriam chorado, outros tantos teriam invocado sua inocência. Mas o que tem sua própria crença o povo deixa abater sem dó nem piedade, jogando aos lobos seu cadáver.

O Salvador

COMO HOMEM CONTINUARÁ EM CARNE RETORNANDO,
A devotos e ouvidos moucos pregando,
De nós se aproximando e de nós se afastando.

Sozinho continuará se erguendo,
Dos irmãos aflições e anseios trazendo,
E mais uma vez na cruz padecendo.

Deus quer a todo dia se anunciar,
Quer o divino ao vale de lágrimas levar,
Quer em carne o eterno espírito transformar.

Ainda hoje não nos deixa,
Salvador a caminho, a abençoar
Angústia, lágrima, dúvida e queixa.
Seu olhar sereno a nos procurar,
Não há quem ouse responder,
Pois só as crianças o podem ver.

Dependência

Nosso COMPORTAMENTO NA VIDA DEPENDE mais da nossa fé do que das nossas ideias. Não creio em dogmatismo religioso e tampouco em um deus criado pelo homem, que lhe permite evoluir da mútua destruição com o machado de pedra até o extermínio em massa empregando armas atômicas e do qual ele se orgulha. Não creio, portanto, que a sangrenta história universal deva seu "sentido" aos planos de um supremo regente divino, que para nós teria assim imaginado algo condenável, porém sagrado e maravilhoso. Contudo, tenho uma crença, uma espécie de conhecimento ou premonição que se transformou em instinto, acerca do sentido da vida. Revendo a história, não posso concluir que o ser humano seja bom, nobre, pacífico e altruísta; todavia, tenho absoluta certeza de que, entre as possibilidades a ele oferecidas, também se encontram aquelas virtudes, os anseios de paz, bondade e beleza, capazes de florescer desde que as condições lhes sejam favoráveis. E, se fosse preciso comprovar esta crença, eu buscaria na história, a despeito dos conquistadores, ditadores, guerreiros e fabricantes de bombas, as aparições de Buda, Sócrates e Jesus, as sagradas escrituras de hindus, chineses e judeus e todas as extraordinárias conquistas do espírito humano pacífico no mundo das artes. A cabeça de um profeta que se destaca do emaranhado de esculturas no portal de uma catedral, alguns compassos de Monteverdi, Bach ou Beethoven e um pedaço de tela pintado por Rogier, Guardi ou Renoir seriam suficientes para contrapor todo o cenário de poder e guerra da brutal história universal, mostrando outro mundo, abençoado e feliz. Além do mais, a arte, tendo uma existência mais longa e mais garantida que a violência, sobrevive aos séculos.

Quando nós, que não acreditamos na violência e tentamos não ceder a suas exigências, somos levados a admitir que não há progresso e que o mundo continuará sendo regido pelos ambiciosos, violentos e ávidos de poder, é melhor então chamar tudo isso, no dizer dos amantes da bela palavra, de tragédia. Vivemos cercados por instrumentos de poder e violência, frequentemente tomados de indignação, quase sempre à beira do desespero e da morte (como se viu em Stalingrado), sedentos da paz, da beleza e da liberdade necessárias às asas da nossa alma, sempre desejando aos construtores de bombas atômicas o acionamento prematuro e acidental dos seus aparatos demoníacos, porém não deixamos que venham à tona nossa indignação e nossos desejos, respaldados na ideia de que não podemos combater a violência com mais violência. Nossa indignação e aquele sombrio desejo nos ensinam que a divisão do mundo em bom e mau não é de forma alguma correta, que o mal não está apenas nos ambiciosos e nos violentos mas também dentro de nós, pacifistas e bem-intencionados. Não há dúvida de que nossa indignação seria "legítima"! E o é. Contudo, ela permite a nós, que desprezamos o poder, ambicioná-lo ainda que por alguns segundos, sob o pretexto de eliminá-lo, de pôr um fim ao abuso. Tais sentimentos nos causam vergonha, mas não podemos impedir, definitivamente, sua presença. E, quanto mais reconhecemos esta nossa dependência, tanto mais claro nos parece o fato de que os regentes do mundo não são demônios, não são pessoas que praticam ou consentem o mal simplesmente por maldade, mas sim por uma espécie de cegueira ou ingenuidade.

Mentalmente, é impossível resolver tais controvérsias. O mal faz parte do mundo, está em nós, e parece indissociável da vida. Contudo, o lado mais belo e tranquilo da natureza e o lado mais belo e tranquilo da história da humanidade falam, indiscutivelmente, em nosso favor, nos alegram e nos confortam, nos alertam e nos acalmam, trazendo esperança para nossa existência cheia de desesperança. E, uma vez que nós, amantes da paz, não sabemos como nos livrar do mal, só nos resta a expectativa de que as outras possibilidades incluam o despertar para o amor e para a compreensão.

Música de órgão

GEMENDO POR ENTRE AS ABÓBADAS, VOLTA A ECOAR
A música do órgão. Devotos escutam, contritos,
Nas múltiplas vozes de coros entrelaçados,
Ressoando saudades, tristezas e angelicais alegrias,
A música que se eleva a dimensões espirituais,
Que oscila e se perde em bem-aventurados sonhos,
Constrói firmamentos de retumbantes estrelas,
Onde esferas douradas se deslocam em círculos,
Cortejando-se, ora próximas, ora distantes,
Vibrando sem parar, na direção do Sol

Até que o mundo pareça translúcido,
Tornando-se um cristal em cujas límpidas faces,
Multiplicadas segundo as leis máximas da pureza,
O espírito iluminado de Deus compõe a própria poesia.

Que folhas repletas de notas musicais,
Neste mundo esvoaçante e luminoso
De estrelas, em coro possa se transformar,
Que os acordes de um órgão as fascine,
Não é um milagre sem igual?
Que o músico ao teclado as combine
Com a força de um só mortal?
Que um povo de ouvintes as entenda,
As alcance, em tons e brilhos, com elas
Galgando as retumbantes alturas do universo?
Foram muitos anos de plantios e colheitas,
Por dez gerações devem ter sido feitas,
Centenas de devotos mestres as prepararam,
Milhares de discípulos as acompanharam.

Enquanto agora toca o organista, o ouvem
Da abóbada as almas que já partiram
Dos devotos mestres compositores
Que a obra a criar e erguer ajudaram.
Pois os mesmos espíritos que as fugas
E tocatas habitam, outrora possuíram aqueles,
Que conhecendo do mosteiro as medidas,
Na pedra as santas imagens talharam.
E antes mesmo dos pedreiros e canteiros,
Muitos fiéis viveram, pensaram e sofreram,

Ajudando a preparar povo e templo,
Para que o espírito pudesse descer à Terra.
Desejo moldado por séculos,
No ruído da clara torrente de sons,
Na própria estrutura das fugas e sequências,
Onde o espírito criador, soberano,
Nos limites entre os feitos e as dores,
Entre o corpo e a alma, governa.
Nos compassos ditados pela vida,
Milhares de sonhos se comprimem, até o fim,
Sonhos de se transformar em Deus, enfim,
Sonhos que ninguém, sobre a face da Terra,
Pode ver realizados, mas que, na urgência da união,
Constroem os degraus que os humanos percorrem,
Na miséria e na comunhão,
Ao encontro da divindade e da cura eterna.
Da trilha mágica das notas musicais,
Das voltas das claves, as assinaturas,
Do teclado e dos pedais que as mãos e os pés
De um organista movimentam, escapam
Rumo a Deus e aos espíritos, os mais elevados anseios,
Irradiando, em tons, tudo o que de mágoas
Já viram. Em tremores bem marcados,
A aflição se liberta, sobe os degraus sagrados,
E a humanidade, serena, vence a desgraça, vira alma.
A aspiração de todos os mundos ao sol conduz,
Pois o sonho da escuridão é tornar-se luz.

Sentado, o organista toca, e os ouvintes,
Dóceis, o acompanham em libertadora comoção,

Sob as leis da segura liderança anglicana,
Em vibração ardente, em sagrada conspiração,
Que, arrogante, para o alto do templo a olhar,
Com o semblante do temente a Deus,
Na inocente Trindade irá comungar.
E assim liberta pelo som, tão unida e consagrada,
Vai a comunidade, feliz e desencarnada,
Em sacramentos a Deus se juntar.

A perfeição neste mundo, no entanto,
Não tem duração, pois guerra faz parte
Da paz, como a ruína da beleza.
O órgão ecoa, as naves retumbam;
Atraídos pelo som, surgem novos convidados,
Para um instante de descanso e oração.
Enquanto isso, entretanto, as velhas paredes
Acima das colunas sonoras receiam,
Cheias de devoção, espirituosidade e alegria,
Que, lá fora, alguma coisa tenha acontecido,
Capaz de mudar o mundo e as almas.
Os que agora chegam são outras pessoas,
Uma outra juventude que cresceu, para a qual
As vozes devotas e entrelaçadas daqueles sábios
São pouco familiares, soam antiquadas e complexas,
Ainda que um tanto belas e sagradas; em suas almas,
Paira um novo estímulo, que não mais se preocupa
Com as severas normas daqueles músicos grisalhos.
Sua geração tem pressa, o mundo
Está em guerra, a fome grassa.
Para os novos convivas, o tempo passa;

Desfrutando os sons acolhedores e clericais do órgão,
Todavia, por mais bela e profunda que seja a música,
Seus ouvidos anseiam por outros tons,
Festejam outros feitos, embora não desprezem,
Ainda que meio envergonhados,
A ricamente erguida, majestosa
E malquista advertência daquele coral
Tão exigente. A vida é curta,
E não há tempo para dedicar-se,
Pacientemente, a diversões tão complexas.
Na catedral, dos muitos que viam e ouviam,
Quase ninguém restou.
A todo momento, um deles sai, cansado,
Cabisbaixo, envelhecido e apequenado,
Falando dos jovens como traidores imorais,
Mudo e decepcionado, olhando seus pais.
Para os jovens que adentraram a sé,
Há algo de sagrado no ar, porém fé
E tocatas não são mais um hábito diário.
E o templo, outrora núcleo comunitário,
Centro ancestral da cidade, quase esquecido,
Das ruas apinhadas sobressai, perdido.

Porém, nos pulmões da obra imortal,
A música ainda respira em murmúrio celestial.
Sonhador, nos lábios um sorriso triste,
Percorrendo escalas cada vez mais delicadas,
O velho músico, inebriado, insiste
No floreio dos movimentos vocais,
Na trilha das sucessivas fugas,

Na leveza das filigranas decrescentes,
Tecendo a teia com fios cada vez mais finos,
Onde ousado ornamento se enreda e
Do fantástico e ligeiro tom se enamora,
No cortejo de vozes que, em movimento,
Parecem subir as escadas do firmamento,
Lá ficando em sagrada suspensão,
Até morrerem, como a púrpura da aurora.

Pouco lhe importa se a comunidade,
Alunos, mestres, fiéis, amigos, a cidade
Se foram, e a juventude apressada
Que das leis não sabe mais nada,
Que das figuras mal percebem a forma e o sentido,
Para os quais os tons não são mais
Lembranças do paraíso e divinos sinais,
Dos quais nem dez, nem mesmo um só deles é capaz
Daquela abóbada os sagrados arcos
Em espírito reproduzir e para a trama secular
De mistérios há muito conquistados
O verdadeiro significado encontrar.
Na cidade e no país, prossegue, febril, a luta
Da vida jovem, em sua impetuosa labuta,
Enquanto no templo, em seu banco sozinho,
Continua a reinar o fantástico velhinho
(uma caricatura, diria a juventude açodada),
Tecendo a lembrança sagrada,
Dando sentido aos divinos ornamentos,
Em registros cada vez mais lentos,
Crescendo na fuga dos sacramentos,

Que só seus ouvidos podem agora escutar.
A esta altura, os outros nada mais sentem
Senão o sussurro do passado, o leve rumorar
Das macias cortinas que do sombrio
Nicho de pedra, cansadas, pendem.

Ninguém sabe se o mestre ancião
Ainda toca, se o suave diapasão
Que continua no recinto a circular
Não são fantasmas a vagar,
Ecos e espíritos de época ancestral.
Às vezes, passa alguém pela catedral,
Para, escuta e abre de leve os portões,
Ouvindo, enlevado, os metais da tocata eterna
Da música, segundo dizem, de aparições,
Palavras serenas e graves de sabedoria paterna;
Com o coração partido, vai embora,
Procura um amigo, a notícia segredando
Da experiência naquela contrita hora,
Na catedral de velas apagadas o cheiro exalando.
Na escuridão subterrânea, continua a fluir
A eterna torrente que ora deixa emergir,
Das profundezas, os tons da própria pureza;
Quem a ouve percebe o mistério no ar,
O vê fugir, o tenta agarrar,
Morrendo de saudades, pressentindo a beleza.

MINHA VIDA SEMPRE FOI MARCADA pela busca do compromisso, da entrega, da religiosidade. Não imagino, para mim ou para outrem, a possibilidade de poder encontrar algo semelhante a uma nova religião, uma nova proposta, um novo compromisso, mas sim a permanência na posição, ainda que seja obrigado a duvidar do meu tempo ou de mim mesmo, sem, contudo, desprezar o respeito pela vida e seus possíveis sentidos, ainda que tenha de ficar sozinho, ainda que me torne motivo de pilhéria. É a isto que me apego com firmeza. Não me apego a uma esperança qualquer, supostamente capaz de fazer alguma coisa melhor para mim e para o mundo, e simplesmente não o faço porque não consigo viver sem o mínimo de respeito e devoção por um deus.

O que vocês querem dizer, por exemplo, quando afirmam que a vida é um grande paradoxo, haja vista que reação e revolução, ou dia e noite, sempre se alternam, porque há sempre dois princípios, ambos certos ou ambos errados? O que vocês querem dizer, com isto, é tão somente que a vida está além do seu entendimento, que obedece claramente a outros princípios, diferentes daqueles que regem a compreensão humana. Pode-se concluir, daí, que as pessoas ou desdenham da vida, ou, então, diante do ininteligível, não exibem o ceticismo do intelecto desapontado, mas sim o respeito de quem vê, no lugar de um simplório paradoxo, uma extraordinária alternância entre diversos pares de polos e antípodas...

Não posso responder a nenhuma das suas perguntas, nem mesmo às minhas; diante da crueldade da vida, estou tão confuso e aflito quanto vocês. Entretanto, acredito que a insensatez é superável, na medida em que procuro sempre dar um sentido a minha vida. Acredito não ser responsável pela sensatez ou insensatez da vida, mas tenho plena consciência de que o sou por tudo aquilo que faço da minha própria e única vida.

Tomem a não compreensão, a mágoa e a insensatez como requisitos para o conhecimento de tudo que tem valor para o ser humano. *Como* vocês escolherão, mais tarde, sua fé, se cristã ou qualquer outra, não importa. Não há outros deuses além daquele que cada um imagina. Assim fazem os povos, como o todo, e o indivíduo, como a parte. O indivíduo dá sentido ao que não tem sentido, exprime sua ideia, sua necessidade de opor a razão ao caos, aprendendo a viver como se existisse apenas um deus e como se todas as coisas tivessem sentido... Para a maioria das pessoas, a insensatez tem muito pouco a ver com sofrimento, menos ainda que para as minhocas. Porém, são justamente aqueles poucos — que, atingidos pelo sofrimento, começam a procurar pela razão — que dão sentido à humanidade.

Solitário é aquele que sabe desfrutar e falar da beleza. Faz parte da solidão do escolhido não poder partilhar o mundo e a vida infantis de outrem. Além do mais, existem, para sua solidão, como para outra qualquer, a solução e a redenção: a identificação da unidade e do todo que se escondem atrás de todas as individualidades.

O solitário a Deus

Solitário, me quedo ao vento,
Desprezado e abandonado

No meio da noite hostil.
Meu coração se enrijece de amargura
Quando penso no Teu
Deus cego e cheio de crueldade, que
Faz sempre o inconcebível.
Por que permites, já que tens o poder,
Por que permites que cães e porcos
Desfrutem uma felicidade que
Aos sedentos e mais nobres nunca é dada?
Por que me açoitas, eu, que Te amo,
Sempre a me perseguir durante a noite?
Por que roubas de mim tudo aquilo
Que dás a qualquer miserável?
Raramente me queixo, e muito menos
O amaldiçoo, quando irado.
Anos a fio, em devota pregação,
Amei-Te, de Deus e Senhor Te chamei,
Vendo em Ti o fim e o sentido da minha existência;
Sempre andei, embora às vezes na escuridão,
Tateando em busca do bem, fazendo do amor,
Da bondade e da pureza meus maiores objetivos.
Tu, no entanto, que adulas meus inimigos,
Jamais realizaste um só dos meus sonhos,
Um só dos meus pedidos!
Jamais conheci outra coisa além de luta e trabalho,
Enquanto do outro lado, da casa dos bem-aventurados,
Só ouvia danças, gritarias e doces melodias.
Ó meu carrasco, como Tu,
Quando eu, cego pela esperança,
Ofereci-Te amor e um coração cheio de confiança,

Como Tu me cobristes de escárnio e desprezo,
Fazendo-me fugir, envergonhado, dos risos femininos que
me perseguiam!

Solitário, agora, sem fé nem alegrias,
Insone durante a noite e cheio de dúvidas durante o dia,
Vago, ateu, por este mundo,
Pensando na minha dor e na Tua triste vergonha.
Contudo, ó Deus, ainda que Teu dedo no fundo
Revolva, em cega luxúria, a minha ferida,
Mesmo assim não me causarás desânimo,
Não me verás de joelhos, a chorar.
Pois Teu mais cruel e secreto desejo
Palpita no meu coração ainda invencível,
E o amor pela vida,
O amor selvagem e absurdo por uma vida sem sentido,
São coisas que, a despeito de todas as perseguições,
De todas as tentações, jamais desaprendi.
Por Ti e Teus caprichosos caminhos
Trago amor no coração do qual, arredio, escarneces.
Amo-Te, sim, meu Deus, e amo com fervor
O desconcertante mundo que Tu mal governas.
... Escuta! Lá, onde estão os felizardos,
Ouço risos e canções,
Mulheres a gritar e taças a tilintar.
Entretanto, superando a luxúria,
A alegria e a volúpia da comemoração,
Meu amor à vida reluz, com fúria,
Neste infeliz e faminto coração.
Bebendo noite e vento, estrelas e nuvens,

Com a avidez dos sentidos despertos,
Irado eu derramo
Das noites insones o cansaço,
Nesta alma insaciável.

A DOUTRINA CRISTÃ DIZ QUE o ser humano é feito de corpo, alma e intelecto, e até a psicologia considerava, pouco tempo atrás, que os atributos e as faculdades ligados à inteligência pertenciam a um ramo da vida espiritual. Espírito e mente, sentimento e razão são partes absolutamente inseparáveis. Quem tenta supervalorizar e superalimentar uma delas em detrimento da outra, ou mesmo confrontá-las, está buscando e cultivando a metade, em lugar do todo; é doente, não é mais humano, e sim especialista. Portanto, todos aqueles que privilegiam o senso crítico e o juízo analítico ávido por conhecimento o fazem à custa do todo, da humanidade. É isto o que vocês frequentemente percebem e que os faz desconfiar da razão. Mas, se nós não levarmos a sério as pessoas que só admitem a crítica e a razão, deveremos então ter consciência de que o sentimento e a fantasia, sozinhos, não são suficientes para valorizar o ser humano e tornar úteis suas ações.

Eis aqui uma experiência interessante: as pessoas puramente racionais, pródigas em palavras brilhantes e opiniões contundentes, logo se nos tornam maçantes, assim como nós, distintos adeptos do sentimento, poéticos e entusiásticos especialistas do coração. O nobre intelecto voltado somente para si e o generoso sentimento cativo da autoconfiança têm, ambos, uma dimensão a menos. Isto se observa no cotidiano e na política, e ainda mais claramente nas artes. Sensato ou efusivo, irreverente ou magnânimo, ninguém pode ser completo, convincente e agradável sem seu irmão e antípoda. Limitado a duas dimensões, o ser humano nos parece enfadonho.

Já tivemos a oportunidade de ver como a mente especializada de Goebbels, escrava do poder, se ocupava em cuidar justamente dos sentimentos do povo, opondo-se com veemência a qualquer manifestação racional. Diante da proibição de qualquer crítica ao poder e da consequente facilidade no trato com um povo dócil e apático, valores outros, como sangue e pátria, premonição e instinto, passaram a ser venerados; para aquela besta, ninguém era suficientemente confiável, sonhador e ingênuo... De uma coisa temos certeza: a maioria dos povos vive do sofrimento, não do aprendizado. Não obstante, ainda há quem creia na ideia de que o eterno sofrimento também traz algo de proveitoso e instrutivo. Mas não é bem assim. Uma inteligência altamente especializada e desenvolvida se coloca diante de um povo que nada pode com ela aprender, pois não consegue amá-la. Enxergar esta doença, dela padecer, lutar contra ela e encontrar sua cura é uma tarefa que cabe aos não especializados, aos intelectos que não se tornaram adversários da alma, ou seja, a vocês.

Não existe animal imbecil ou mentiroso, e muito menos vegetal. Tais atributos são privativos do ser humano. A este é possível chegar até Deus, o que, no entanto, se mantém como possibilidade nunca concretizada. Um gato sadio é mais genial que todos os gênios.

Precisamos e devemos usar e exercitar nosso intelecto, mas não podemos dar ouvidos somente a ele. As pessoas simples e saudáveis, também chamadas de "povo", se satisfazem com a vida e seus percalços na medida em que desfrutam as tarefas e as alegrias do dia e da hora. Os intelectuais, aqueles que têm a obrigação de pensar, não podem reviver esta inocência; precisam de um contrapeso para a inteligência e a vaidade, encontrando a compensação na paixão pela natureza. Nesse contexto, excetuando os artistas, a maioria dos "letrados" utiliza a arte, buscando a ligação com as forças primitivas no contato com a pintura, com a música e com a poesia. Os que necessitam de algo mais para atingir o equilíbrio se valem da meditação, da reflexão e da introspecção. O caminho para tanto é a ioga. Há milhares de livros a esse respeito..., como também academias de ioga, algumas com professores indianos. Só as conheço por ouvir dizer. O que precisei saber sobre meditação, em determinada época da minha vida, descobri por mim mesmo, não obtive por via indireta, não pode ser ensinado... Quando proposta e explicitada, até a mais pura sabedoria se torna banal.

Na Índia, ninguém acredita que se possa aprender meditação sem um guru, um mestre individual. Além disso, é provável que lá ninguém creia que um ocidental consiga algum dia vencer os estágios iniciais da ioga, o que não impede que nos esforcemos para ao menos chegar a esses primeiros degraus. Isto já aconteceu em certas comunidades da América do Norte, onde há alguns professores hindus. Aldous Huxley poderia dar mais informações a esse respeito.

Quanto a mim, nunca tive guru nem atingi estágios mais elevados, porém a experiência vivida me permitiu constatar que a maior e mais significativa contribuição para que se atinja um estado de concentração e harmonia interior reside nos exercícios respiratórios, tão desdenhados pelos ocidentais quanto a egolatria. Façam os exercícios respiratórios, ou ginástica terapêutica, na linguagem de qualquer iniciado, mas não se esqueçam de que, ao contrário da expiração, a inspiração jamais poderá ser forçada, pois isto lhes causará danos. Durante os exercícios respiratórios, o mais importante é voltar toda a atenção para a respiração mais completa e profunda possível, concentrando-se unicamente nessa função. Isto ajuda bastante. Ajuda a se distanciar do presente, favorecendo a harmonia e o recolhimento. E, se vocês quiserem associar estes exercícios de respiração a um conteúdo, atribuindo-lhes uma espécie de significado espiritual, imaginem-se respirando não somente o ar mas também o Brama, deixando a divindade entrar e sair a cada movimento inspiratório e expiratório; isso também os fará lembrar do *Divã ocidento-oriental*.

A despeito do maior ou menor progresso alcançado nos exercícios, e desde que os levem a sério, vocês estarão mais próximos de uma atmosfera espiritual que nós, ocidentais, só somos capazes de sentir quando oramos ou nos dedicamos à perfeição. Vocês vão respirar não só atmosfera mas também Deus e o universo; vão experimentar um pouco do que há de liberdade, felicidade e religiosidade na entrega e na livre expressão da vontade não por vias intelectuais, mas por caminhos inocentes e carnais... Em suas parábolas, Ramakrishna às vezes conta histórias que bem poderiam fazer parte do repertório de Zhuangzi. A sabedoria de todos os povos é a mesma e única; não há duas ou mais, somente uma. O único argumento que eu poderia apresentar contra as igrejas e as religiões é sua tendência à intolerância: qualquer cristão ou muçulmano diria que sua crença é boa e sagrada, mas não é exclusivista e protecionista, e sim irmã de todas as outras nas quais a verdade tenta se mostrar.

Uma das breves histórias que remontam a Ramakrishna, e que poderia perfeitamente figurar nos anais de Zhuangzi, diz o seguinte:

Certo dia, um sábio observava, no campo, a passagem de um cortejo nupcial cercado de pompas e fanfarras, quando viu, em suas proximidades, um caçador tão concentrado na pontaria sobre um coelho que não era capaz de ouvir o ruído da música ou perceber a presença do cortejo. O sábio cumprimentou o caçador e lhe disse:

— Prezado senhor, vós sois meu guru. Quem dera que meus pensamentos, ao meditar, se concentrassem tanto na minha devoção quanto os seus na sua caça.

Que vocês encontrem um caçador e dele façam seu mestre! Que os seus anseios de união inseparável com a verdade sejam tão imutáveis quanto a pontaria do caçador!

Tentativas modernas de encontrar novos significados

As MUDANÇAS RADICAIS OCORRIDAS EM poucas décadas na forma e na disposição do cenário global, decorrentes das enormes transformações experimentadas por todas as cidades e regiões do mundo com o advento da industrialização, acarretaram, nas mesmas proporções, uma revolução na alma e no pensamento dos seres humanos. Os anos seguintes à eclosão da Guerra Mundial aceleraram de tal forma esse processo que hoje, sem nenhum exagero, já podem ser observados a falência e o desmantelamento daquela cultura na qual os mais velhos, outrora crianças, foram educados e que, então, todos julgavam eterna e indestrutível. Ainda que o ser humano não tenha se modificado (e tampouco poderia fazê-lo, a exemplo de qualquer espécie animal, no intervalo de duas gerações), ideais, fantasias, desejos, visões, mitos e teorias que regem nossa vida espiritual sofreram grandes e profundas alterações. O que era insubstituível se perdeu ou foi para sempre destruído, e algo inédito foi imaginado em seu lugar.

Dentre o que foi perdido e destruído em grande parte do mundo civilizado se encontram, sobretudo, os dois fundamentos de toda cultura, ordem social e moralidade: a religião e os costumes. Quanto aos últimos, o acontecido pode ser constatado por qualquer observador despreocupado, sem grandes esforços. Nossa vida é demasiado pobre de costumes, de convenções herdadas, consagradas e tácitas sobre tudo o que seria decoroso e conveniente no relacionamento humano. Se as principais causas dessa carência devem ser buscadas no retrocesso das formas de religião até então existentes e no esfacelamento da autoridade das igrejas, também não se pode excluir a considerável parcela devida às mudanças nas manifestações humanas exteriores, consequentes à automação da vida e do trabalho por obra da tecnologia. Para o operário que trabalha em uma fábrica, é impossível preservar os costumes dos seus antepassados camponeses, e falar sobre isso é perda de tempo.

Uma pequena viagem é o bastante para quem quiser observar exemplos vivos da degradação dos costumes. Nos locais onde a industrialização se encontra em seus estágios iniciais, onde as tradições camponesas e provincianas se sobrepõem às modernas formas de comunicação e trabalho, a influência e a sensação de autoridade das igrejas são bem maiores; em todos esses lugares, também se vê, mais ou menos intacto, aquilo que outrora se denominava costume. Nessas comunidades "retrógradas", ainda é possível conviver com modalidades de tratamento, saudação, conversa, escalonamento social, festas e brincadeiras há muito estranhas à vida moderna. Como substituto medíocre dos costumes perdidos, a classe média moderna adotou a moda; mudando a cada estação, lhe proporciona os progressos indispensáveis à vida social, as últimas exigências, as palavras de ordem, as danças e os ritmos — melhor que nada, ainda que não se comparem aos valores do passado. No lugar da festa tradicional, o modismo da estação; no lugar da cantiga popular, o sucesso dos últimos meses.

O que para o ser mediano constitui o costume, a conduta satisfatória e cômoda ditada pela tradição e pela convenção, para os anseios humanos mais interiores se traduz em religião e filosofia. O ser humano não tem apenas a necessidade de ser regido ou conduzido, em termos de usos e costumes, vestimenta e diversão, esporte e comunicação, por um modelo vigente e padronizado, por um ideal qualquer, ainda que seja o modismo de um só dia. Em seus níveis mais profundos, tem também a necessidade de encontrar um sentido para suas ações e motivações, sua existência, sua vida e sua inexorável morte, e isto requer que seus atos e aspirações sejam não apenas pautados na utilidade momentânea como também justificados por um significado mais alto, estimulados e consagrados por um ideal elevado. Esta necessidade religiosa ou metafísica, tão antiga e tão importante quanto a necessidade de comida, amor e teto, foi satisfeita, em tempos de quietude e abundância cultural, por igrejas e sistemas de pensadores dominantes. Nos dias atuais, a impaciência e a decepção generalizadas se contrapõem tanto às confissões religiosas tradicionais quanto às concepções filosóficas eruditas; a demanda por novos significados, propostas, símbolos e razões é infinitamente grande. Como sinais da vida espiritual do nosso tempo, podemos citar a fragilidade dos sistemas tradicionais, a frenética busca de novos significados para a vida, o surgimento de inúmeras e concorridas seitas, a disseminação de profetas e fundadores de comunidades e a crescente prosperidade das mais extravagantes superstições. Pois também o ser humano inculto, superficial e adverso ao pensamento ainda tem aquela necessidade ancestral de identificar um sentido para sua vida; quando não mais o encontra, abandona os costumes e conduz sua vida privada sob o signo do egoísmo desenfreado e da acentuada necrofobia. Para quem quiser ver, esses sinais dos tempos são claramente perceptíveis em qualquer sanatório ou hospício e na rotina diária de qualquer psicanalista.

Acontece que nossa vida é um enredo contínuo de altos e baixos, ruína e recuperação, queda e reerguimento, no qual os tristes e sombrios sinais de decadência se defrontam com outros, mais iluminados, que apontam para um novo despertar das necessidades metafísicas, para a construção de uma nova espiritualidade, para um apaixonado esforço no sentido de atribuir um novo significado a nossa existência. A poesia contemporânea está repleta desses sinais, e a arte moderna, mais ainda. O que notadamente se destaca, porém, é a busca de substitutos para os valores culturais perdidos e de novas formas de religiosidade e relacionamento. Nesse contexto, o que não falta são ofertas ora insossas e ridículas, ora daninhas e perigosas. Pululam videntes e mentores; charlatões e curandeiros se confundem com santos; vaidade e cobiça se lançam neste novo e promissor mercado. Sozinhas, entretanto, essas lamentáveis e ridículas manifestações secundárias não podem nos iludir. Em princípio, o despertar da alma, o recrudescer da carência por um novo deus e a ânsia atiçada pela guerra e pela miséria são manifestações dotadas de extraordinários ímpeto e vigor, que não conseguimos levar suficientemente a sério. O fato de essa poderosa corrente de ansiedade espiritual que perpassa todos os povos esconder uma montanha de ativos empresários dispostos a fazer da religião um negócio não deve nos confundir quanto à grandeza, à dignidade e à importância do movimento. Apresentando milhares de formas e gradações, da inocente crença em fantasmas às autênticas especulações filosóficas, do primitivo mercado popular de próteses religiosas à real percepção de um novo significado para a vida, este caudal avassalador se espalha pelo mundo, envolvendo a ciência cristã norte-americana, a teosofia inglesa, o mazdaznan, o neossufismo, a antropossofia de Rudolf Steiner e centenas de outras crenças similares, levando consigo, em sua viagem ao redor da Terra, o conde Keyserling — a quem proporcionou, nos experimentos de Darmstadt, a companhia de um importante e sério colaborador do quilate de Richard Wilhelm — e fazendo surgir, ao mesmo tempo, um exército de necromantes, trapaceiros e brincalhões. Não ouso traçar o limite entre o que ainda é discutível e o que já se tornou grotesco. Porém, ao lado dos sempre duvidosos benfeitores de modernas ordens secretas, lojas e irmandades, da intrépida futilidade dos modismos religiosos norte-americanos e da ignorância dos intransigentes espíritas, também se encontram expressões transcendentes e mais elevadas, obras magníficas, como as traduções de Neumann dos textos sagrados budistas e a respectiva difusão, as traduções de Richard Wilhelm dos clássicos chineses e o grande e maravilhoso acontecimento do repentino retorno de Laozi, que, ignorado na Europa durante séculos, foi traduzido e publicado, ao longo de três décadas, em quase todas as línguas europeias, impondo-se aos pensadores europeus. Assim como surgiram, na confusa e exasperada agitação da tão suspeita Revolução Alemã, figuras nobres, impolutas e inesquecíveis como Landauer e Rosa Luxemburgo, também se veem, no meio da impetuosa e revolta maré do modernismo religioso, manifestações igualmente nobres e puras, teólogos como o padre suíço Ragaz, figuras como a de Frederik van Eeden, convertido ao catolicismo na velhice, homens como o singular Hugo Ball, na Alemanha, dramaturgo e principal fundador do dadaísmo, fervoroso pacifista e crítico intransigente da mentalidade bélica alemã, depois um eremita e autor da admirável obra intitulada *Cristianismo bizantino*, e, não esquecendo os judeus, Martin Buber, que nos revelou os profundos objetivos do moderno judaísmo e nos brindou, em seus livros, com a devoção dos *chassidim*, uma das mais belas flores no jardim das religiões.

"E agora", perguntarão muitos leitores, "aonde leva tudo isso? Qual será o resultado, o objetivo final? O que daí se pode esperar em termos de universalidade? Teria uma das novas seitas a perspectiva de se transformar em religião mundial? Haveria, entre os pensadores modernos, alguém capaz de formular uma filosofia nova e liberal?"

Hoje, tais perguntas encontram respostas afirmativas em vários círculos. Entre os muitos seguidores das novas doutrinas, principalmente os mais jovens, nota-se uma eufórica e pueril tendência marcada pela certeza da vitória, como se nossa época estivesse predestinada a parir o Salvador e oferecer ao mundo uma nova idade cultural, de novas certezas, novas crenças e novas orientações ético-morais. Ao negativismo dos mais idosos e à decepção dos críticos contemporâneos se contrapõe, como antípoda, a ingenuidade juvenil dos novos-crentes, cujas vozes soam mais agradáveis que a rabugice dos velhos. Contudo, esses fiéis podem ser enganados.

Diante dos anseios do nosso tempo, convém que essa busca impetuosa e essa experiência, ora cegada pela paixão, ora abençoada pela ousadia, sejam confrontadas com a veneração. Ainda que estejam todas condenadas ao fracasso, não deixam de ser uma tentativa de alcançar objetivos maiores, e, ainda que nenhuma delas sobreviva aos tempos modernos, cada qual cumpriu, a seu tempo, uma tarefa insubstituível. Sem exceção, as fantasias, as religiões hipotéticas e as novas profissões de fé ajudam o ser humano a viver, e não apenas suportar uma vida difícil e questionável, mas valorizá-la e consagrá-la. Mesmo que não passassem de estimulante emocional ou suave anestésico, ainda seriam dignas de nota. Porém são mais que isso, muitíssimo mais. São a escola que a elite intelectual contemporânea precisa frequentar, pois toda inteligência e toda cultura têm duas missões a cumprir: a primeira consiste em dar impulso e segurança à maioria, oferecendo-lhe consolo e atribuindo um significado a sua vida; a segunda, não menos importante e mais oculta, é a de permitir o desenvolvimento da minoria, dos grandes intelectos de hoje e amanhã, assistindo e protegendo seus primeiros passos, provendo-lhe o ar que respira.

A inteligência dos dias atuais é muito diferente daquela que a nós, mais velhos, se apresentava como herança. É mais tempestuosa, agressiva e pobre de tradições, é menos educada e pouco afeita a métodos; em seu conjunto, entretanto, a inteligência moderna e sua forte tendência ao misticismo nada têm de pior se comparadas aos melhores e mais bem-educados cérebros daquele tempo em que o liberalismo decadente e o jovem monismo eram as teorias dominantes. Pessoalmente, sou levado a admitir que o intelecto das correntes hoje preponderantes, de Steiner a Keyserling, é até mesmo um tanto racional demais, muito pouco ousado e muito mal preparado para penetrar o caos e o submundo, lá captando, entre as "Mães"[*] de Fausto, os almejados ensinamentos secretos da nova humanidade. Nenhum dos líderes atuais, por mais esperto e entusiasta que seja, tem o porte e a significância de Nietzsche, de quem ainda não descobrimos como nos tornar verdadeiramente herdeiros. Contudo, os milhares de vozes e caminhos que se entrechocam em nosso tempo têm algo de valioso em comum: a vibrante ansiedade, um desejo de entrega nascido da necessidade. E são estes os pressupostos de toda grandeza.

O SENTIDO DA VIDA TERÁ as dimensões que vocês lhe puderem atribuir. A Bíblia, os dogmas e as filosofias são apenas meios auxiliares destinados a facilitar a busca desse significado. A

---

[*] "Müttern", no original, é uma referência à cena denominada "Der Gang zu den Müttern" [Passagem para as mães], do primeiro ato de *Fausto II: uma tragédia* (última obra de Goethe, concluída em 2 de fevereiro de 1832, poucos dias antes da sua morte, em continuação ao poema dramático *Fausto I: uma tragédia*, escrito em 1808), que retrata a descida de Fausto ao mundo subterrâneo, às fontes da vitalidade, significando a busca do caminho para o seu próprio interior. (*N. do T.*)

natureza, as plantas e os animais não carecem de significado, pois, desconhecendo pensamentos e pecados, vivem na ingenuidade e na inocência. Quando nós, humanos, optamos por uma vida desprovida de sentido, nos tornamos inferiores aos animais. A vida só adquire significado quando, na medida do possível, a livramos da ingênua ânsia pelo prazer egoístico e lhe atribuímos uma servidão. Se levarmos a sério esta servidão, o "sentido da vida" brotará por si mesmo.

Do pensamento chinês

Nos ÚLTIMOS VINTE ANOS, A velha e intelectualizada China, antes conhecida por não mais que uns poucos eruditos, começou, graças à tradução de suas antigas escrituras e à influência de seus pensadores ancestrais, a ser por nós conquistada. Faz apenas dez anos que Laozi se tornou conhecido por suas traduções em todos os idiomas da Europa e passou a exercer, em nosso meio, uma poderosa influência. No passado, mais de vinte anos atrás, ao falarmos do "espírito oriental", estávamos pensando unicamente na Índia, nos vedas, no Buda ou em Bagavad Gita. Hoje, quando o assunto é a mentalidade do Leste Asiático, pensamos tanto ou mais na China, nas artes chinesas, em Laozi, em Zhuangzi e até em Li Bai. E o que se percebe é que, para nós, europeus, o pensamento da antiga China, sobretudo o do antigo taoismo, não é de forma alguma uma curiosidade remota, mas sim algo comprovadamente capaz de nos ajudar e aconselhar naquilo que realmente importa. Isto não significa que possamos, de repente, extrair desses antigos compêndios de sabedoria uma nova e redentora visão da vida, ou que venhamos a nos livrar da nossa cultura ocidental e nos tornemos todos chineses! Destarte, vemos na antiga China, e particularmente em Laozi, uma série de indicações sobre um modo de pensar que desprezamos ao máximo; vemos, ali, reconhecidas e cultivadas, forças com as quais há muito não nos preocupamos.

Dirijo-me ao setor da biblioteca onde se encontra a literatura chinesa — um recanto lindo, tranquilo e agradável! Aquelas antiquíssimas obras contêm textos primorosos e, não raro, incrivelmente atuais. Quantas vezes, durante os terríveis anos da guerra, lá encontrei pensamentos que me confortaram e me reergueram!

Folheando uma pasta com anotações que colecionei, encontro alguma coisa a respeito de Yangzi.

Yangzi, um sábio chinês talvez contemporâneo de Laozi e mais velho que o indiano Buda, dizia, outrora, que o ser humano não pode se comportar, em vida, como senhor ou escravo. Concluindo a respeito, formulou o seguinte adágio:

Das quatro dependências — são quatro as coisas das quais a maioria das pessoas depende e pelas quais demonstra imensa cobiça: longa vida, fama, posição e título, dinheiro e propriedades.

O permanente anseio por essas quatro coisas é a causa de os seres humanos temerem os demônios e a si mesmos, de saberem o que significa o medo dos poderosos e o receio do castigo. Todo Estado se baseia neste quarteto de medo e dependência.

As pessoas que se submetem a essas quatro dependências vivem como loucas; independentemente de conviverem com a loucura ou extirpá-la, seus destinos são determinados de fora para dentro.

Quem, no entanto, ama seu destino e com ele constitui uma unidade, o que poderá querer em termos de longa vida, fama, posição e riqueza?!

As pessoas deste segundo grupo carregam a paz dentro de si. Nada no mundo é capaz de ameaçá-las, nada lhes pode ser hostil. Trazem seu destino no próprio íntimo.

DEPOIS DE DOSTOIÉVSKI E, COM certeza, nos últimos dez anos, nenhuma outra mente exerceu tanta influência sobre a juventude acadêmica alemã abalada pela guerra quanto Laozi. O fato de este movimento ter ocorrido no âmbito de uma reduzida minoria não lhe tira o mérito, haja vista que a pequena parcela afetada era justo aquela que importava: o segmento mais bem-dotado, mais consciente e mais responsável da juventude universitária.

Os ideais culturais do nosso avançado Ocidente são tão opostos aos dos chineses que nós deveríamos dar graças pela existência, no outro hemisfério terrestre, de um polo contrário tão seguro e respeitável. Seria um disparate querer que o mundo inteiro viesse a cultivar, com o passar do tempo, uma só cultura, europeia ou chinesa. O que devíamos fazer, isto sim, era dispensar, a este intelecto estrangeiro, aquele respeito sem o qual nada se pode aprender ou absorver; era considerar o Extremo Oriente como um dos nossos mestres (a gente só pensa em Goethe!), como há muito fazemos com relação ao Oriente dito Leste Asiático. Ao lermos os diálogos de Confúcio, assaz estimulantes e eivados de prudência, não devíamos tratá-los como curiosidades extintas de um passado remoto, mas sim pensar não apenas no fato de que os ensinamentos de Confúcio sustentaram e protegeram um gigantesco império ao longo de dois séculos como também no de que seus dependentes vivem até hoje na China, conservam seu nome de família e dele muito se orgulham. Comparada a estes, a mais antiga e tradicional das nobrezas europeias não passa de uma criança. Laozi não pode substituir o Novo Testamento, mas pode nos mostrar que algo semelhante nasceu e cresceu sob outros céus e em épocas mais remotas — o que é capaz de reforçar nossa crença de que a humanidade, embora ainda dividida em raças e culturas estranhas e hostis entre si, é uma só e possui possibilidades, ideais e objetivos comuns.

Levando a vida...

Vivemos da forma e da aparência,
E somente no infortúnio percebemos
A eterna e imutável existência
Que em sombrios sonhos vivemos.

Nos alegram os falsos e nebulosos,
Somos como cegos, sem guia, a vagar,
Buscando no tempo e no espaço, receosos,
O que só na eternidade se pode encontrar.

Ansiamos por cura e salvamento,
Sonhando com dádivas, em vão,
Pois somos deuses e elemento
Dos primórdios da criação.

Minha crença

CONFESSEI MINHA CRENÇA NÃO SÓ em eventuais artigos literários como também numa experiência que fiz, há pouco mais de dez anos, escrevendo um livro a respeito. A obra se intitula *Sidarta*, e seu conteúdo religioso foi discutido amiúde por estudantes hindus e sacerdotes japoneses, mas nunca por seus colegas cristãos.

Não é por acaso que neste livro minha fé tem nome e aparência indianos. Meu contato com a religião se deu em duas situações: como filho e neto de protestantes ortodoxos e como leitor das revelações indianas, dentre as quais destaco os upanixades, o Bagavad Gita e os sermões de Buda anteriormente mencionados. Também não foi por mera coincidência que, nascido e criado no seio de um cristianismo autêntico e atuante, experimentei, na concepção indiana, as primeiras manifestações da minha própria religiosidade. Meu pai, minha mãe e o pai dela dedicaram a vida inteira ao trabalho missionário cristão na Índia, porém, apesar de somente um dos meus primos e eu termos despertado para o fato de que não havia uma hierarquia entre as religiões, meu pai, minha mãe e meu avô não só conheciam a fundo as diversas crenças hindus como também por elas alimentavam uma simpatia até certo ponto inconfessa. Desde criança, portanto, presenciei e respirei tanto a religiosidade do hinduísmo quanto a do cristianismo.

Em contrapartida, fui introduzido no cristianismo de uma forma singular e rígida que radicalizou minha vida, uma forma débil e efêmera que ainda hoje persiste, quase em extinção. O cristianismo que aprendi foi o protestantismo de tendências pietistas, e a experiência foi profunda e marcante, pois a vida dos meus pais e avós era inteiramente determinada pelo reino de Deus e devotada ao seu serviço. No decorrer da maior experiência que tive, a herança que guardei da infância, minha vida foi fortemente influenciada pelas ideias de pessoas que encaravam as suas como feudos divinos, delas fazendo, em vez de uma prática egoísta, um tributo de servidão e sacrifício a Deus. Nunca levei muito a sério a ideia "mundo" e os cosmopolitas, sentimento este que se agravou com o passar dos anos. Todavia, por mais nobre e elevado que fosse o cristianismo praticado por meus pais em comunhão e predestinação, como obra e sacrifício, aquela visão confessional e parcialmente sectária na qual nós, seus filhos, fomos educados logo me pareceu duvidosa e insuportável. Os muitos versículos e versos, então, citados e cantados já agrediam o poeta que havia em mim, e, quando minha primeira infância chegou ao fim, não me passaram despercebidos o tormento e a dor que causavam a pessoas como meu pai e meu avô, que, diferentes dos católicos, não tinham uma crença e um dogma arraigados, um ritual legítimo e consagrado, nem mesmo uma sólida e genuína Igreja.

A chamada Igreja "protestante" não existia. O que existia, na realidade, era um grande número de paróquias regionais, cujas histórias e lideranças remontavam aos príncipes protestantes e nada tinham de mais nobre em relação à mal-afamada Igreja papal. Além do mais, quase tudo o que havia de verdadeiramente cristão e quase toda a devoção ao reino de Deus não se consumavam naquelas monótonas e longínquas igrejas, mas sim em ardorosos e entusiásticos conventículos ainda mais distantes, de aparência suspeita e existência transitória. Nada disso era segredo para mim, ainda menino, embora todos na casa paterna tivessem muito respeito pela igreja local e suas tradições (um respeito que eu não considerava autêntico e bem cedo iria pôr em dúvida). Com efeito, a igreja não me proporcionou, durante toda a minha juventude cristã, qualquer tipo de educação religiosa. Os cultos domésticos e as orações individuais, o modo de viver dos meus pais, sua régia pobreza, suas mãos estendidas para a miséria, seu amor fraterno aos irmãos em Cristo, sua preocupação com os pagãos e todo o apaixonado heroísmo das suas práticas cristãs se inspiravam, quando muito, na leitura da Bíblia, mas nunca na igreja; os cultos dominicais, a catequese e o catecismo nada me ensinaram.

Comparado a este cristianismo de mentalidade estreita e sufocante, aos seus versos por vezes sentimentais e seus fastidiosos pastores e oradores, o mundo da religião e da poesia indianas era, sem dúvida alguma, muito mais atraente. Neste, eu não me sentia pressionado pelos que me cercavam, não havia imagens de sóbrios púlpitos cinzentos ou bíblicas leituras pietistas, minhas fantasias tinham espaço, eu podia captar, sem resistências, as primeiras mensagens que me chegavam do mundo indiano e cujos efeitos iriam se perpetuar ao longo de toda a minha vida.

Mais tarde, minha religião pessoal assumiu diversas outras formas, porém jamais nos termos súbitos de uma conversão, e sim lentamente, sempre visando ao crescimento e ao desenvolvimento. Meu *Sidarta* não fala de intuição, mas sim de amor, repele a crença dogmática e tem como centro a vivência da unidade, podendo assim ser interpretado como um reencontro do cristianismo, um apelo ao verdadeiro protestantismo.

Após o contato com o mundo espiritual indiano, veio o conhecimento do chinês, gerando novas transformações. A clássica definição chinesa de virtude, que fez com que Confúcio e Sócrates me parecessem irmãos, e a sabedoria oculta de Laozi, com sua dinâmica mística, tomaram boa parte do meu tempo. Somou-se a isto, mais uma vez, uma onda de influência cristã decorrente do convívio com alguns católicos de elevado nível espiritual, mormente com meu amigo Hugo Ball, cujas críticas implacáveis à Reforma contaram com meu reconhecimento, sem que por isso eu me tornasse católico. Naquela ocasião, pude observar uma pequena parte do trabalho e da política dos católicos, o que me fez ver como um caráter com a pureza e a magnitude do de Hugo Ball era utilizado pela sua igreja e pelos seus líderes espirituais e políticos, conforme a conjuntura, ora para fins propagandistas, ora como algo decadente e desacreditado.

Naquela igreja, estava claro que também não havia um espaço ideal para a religião; ali, ambição, presunção, rivalidade e autoritarismo estavam em franca atividade; nela, a vida cristã também se retraía para ambientes ocultos e privados.

Nesses termos, o papel desempenhado pelo cristianismo na minha vida religiosa foi preponderante, embora não tenha sido único, traduzindo-se por uma crença mais mística que eclesiástica, que vivia em conflito, mas não em guerra declarada com a multicolorida fé indo-asiática, cujo único dogma se resumia à ideia de unidade. Nunca abri mão da religião e não poderia viver um só dia sem ela, mas em toda a minha vida jamais precisei de uma Igreja. As Igrejas privilegiadas e separadas por confissão e política sempre me pareceram, sobretudo durante a Guerra Mundial, caricaturas do nacionalismo, e a incapacidade do credo protestante de adotar uma posição de união supraconfessional sempre foi, a meu ver, um símbolo inconteste da incapacidade alemã para a unificação. Anos atrás, ao pensar neste assunto, senti certo respeito e alguma inclinação pela Igreja Católica Romana, e minha ânsia protestante por modelos sólidos, tradição e clarividência espiritual ainda hoje me ajuda a conservar aquela admiração por esta que é a maior conquista cultural do Ocidente. Porém até mesmo a notável Igreja católica, tão respeitável a distância, se me apresenta, quando dela me aproximo, sob forma humana, cheirando a sangue e poder, política e infâmia. Apesar de tudo, vez por outra invejo os católicos, por terem a possibilidade de orar diante de um altar, e não no interior de uma apertada camarinha, e de contar seus pecados na janelinha de um confessionário, em vez de submetê-los simplesmente à ironia da autocrítica solitária.

Consciência

DIVINO E ETERNO É O ESPÍRITO.
Ir ao encontro dele, de quem somos imagem e instrumento,

É traçar nosso próprio caminho; nosso mais íntimo desejo
É ser como Ele, brilhar na Sua luz.

Mas fomos feitos do barro e somos mortais;
Sobre nós, criaturas, a preguiça colocou seu peso.
Com graça e calor maternal, a natureza zela por nós,
Amamenta-nos a Terra, prepara-nos o berço e a sepultura;
Porém a natureza não nos pacifica,
Seu encanto materno rompe o brilho do espírito imortal
Com energia paternal, faz da criança um homem,
Apaga a inocência e nos desperta para a luta e a consciência.

Como entre mãe e pai,
Também entre corpo e alma
Hesita a criação da mais frágil criança,
Ser de trêmulo espírito, capaz de sofrer
Como qualquer outro ser, mas apto ao máximo:
O amor calcado na fidelidade e na esperança.

Difícil é o seu caminho, pecados e morte o alimentam,
Quase sempre se perde na escuridão, muitas vezes pensando
Que melhor seria não ter sido criado.
Mas sobre ele brilha eternamente a própria ânsia,
A sua determinação: a luz, o espírito.
E todos sentimos: a ele, o ameaçado,
A eternidade ama com especial carinho.

Por isso, nos é possível querer bem,
Mesmo na discórdia, aos irmãos perdidos,
Sem condenação e ódio,

Mas sim com a paciente ternura,
A terna paciência
Que nos aproxima do objetivo sagrado.

Um pouquinho de teologia

A PARTIR DE ALGUMAS IDEIAS e anotações colhidas durante vários anos, escrevo hoje algumas linhas nas quais estabeleço uma ligação entre duas das concepções que me são mais caras: a dos três níveis de humanização por mim conhecidos e a dos dois tipos fundamentais de ser humano. A primeira dessas duas concepções me é de suma importância, até mesmo sagrada, e a considero sobretudo verdadeira. A segunda é puramente subjetiva, e para mim não vale, assim espero, mais do que merece, embora, de quando em quando, na observação da vida e da história, me preste um bom serviço. O caminho para a humanização começa na inocência (paraíso, infância, estágios preliminares destituídos de responsabilidade). Daí, segue para a culpa, a consciência do bem e do mal, as exigências da cultura, da moral, das religiões e dos ideais humanitários. Todo aquele que realmente percorre esta gradação sob formas individuais diferenciadas chega ao fim de cada estágio forçosamente no desespero ou, mais propriamente, com a visão de que não há uma realização da virtude, uma obediência cega e uma servidão satisfeita, de que a justiça é inatingível e a bondade, irrealizável.

Este desespero leva, então, ou ao declínio ou a um terceiro domínio do espírito, à vivência de um estado além da moral e da lei, um passo à frente na direção da misericórdia e da libertação, a uma nova e mais elevada forma de irresponsabilidade ou, em síntese, à fé. Quaisquer que sejam a forma e a expressão da fé, seu conteúdo é sempre o mesmo: que devemos, sim, querer o bem, na medida das nossas possibilidades, mas não somos responsáveis pelas imperfeições do mundo nem pelas nossas próprias; que não governamos, somos governados; e que, acima da nossa compreensão, existe um Deus, ou pelo menos um "Ele", do qual somos servidores e ao qual podemos nos entregar.

Esta é a expressão europeia que se aproxima da cristã. O bramanismo indiano (que, se levada em conta a corrente oposta, o budismo, constitui a maior criação da humanidade em termos teológicos) possui outras categorias, que, no entanto, exprimem exatamente as mesmas ideias. Nele, a gradação é mais ou menos a seguinte: o ser ingênuo, dominado pelo medo e pela cobiça, anseia por redenção. Para conquistá-la, o veículo e o caminho se encontram na ioga, a educação para o domínio dos impulsos. Pouco importa se a ioga é praticada como exercício de penitência puramente material e mecânico ou como esporte mental de alto nível; seja como for, o significado é sempre o mesmo: a educação para o desprezo do mundo físico e aparente, para a consciência da alma individual, do Atmã que nos é inerente e que forma, com o espírito universal, uma entidade única. A ioga corresponde exatamente a nosso segundo estágio, é o anseio por redenção pelo trabalho. É admirada e superestimada pelos povos, pois a ingenuidade humana está sempre inclinada a ver a penitência como sagrada e redentora. Porém a ioga é apenas um degrau, e termina em desespero. Isto é mostrado, em imagens bem claras, na lenda de Buda (e centenas de outras). Quando a ioga renuncia à graça, sendo admitida como finalidade, dedicação, cobiça e fome, o desperto do sonho da vida aparente se identifica como eterno e indestrutível, como espírito dos espíritos, como Atmã, e só então se torna um espectador passivo da vida, capaz de agir ou se omitir ao seu bel-prazer, de desfrutar alguma coisa ou dela se privar, sem que nada disso afete mais o seu "Eu", que se torna senhor de si mesmo. Este "despertar" da santidade (equivalente ao "nirvana" de Buda) corresponde ao nosso terceiro estágio. Com outra simbologia, esta mesma gradação pode ser encontrada em Laozi, cujo "Caminho" é o princípio que leva da ânsia por justiça à ausência de ansiedade, da culpa e da moral ao Tao. Para mim, as mais importantes experiências espirituais fazem parte do mesmo contexto que tenho visto em toda parte, expresso por símbolos análogos, e que, pouco a pouco, a intervalos de anos e décadas, com a constatação dos mesmos significados para a existência humana entre hindus, chineses e cristãos, vem ratificar a concepção de um só problema essencial. Acima de quaisquer outras, tais experiências comprovam que seria bom pensar um pouco no ser humano, que a aflição e a busca humanas sempre constituíram uma unidade sobre a Terra, em todos os tempos. Quanto a isto, o fato de nós, como tantos outros mais novos, encararmos a expressão filosófica e religiosa do pensamento e da vivência humanos como algo pertencente a uma época remota e hoje superada não faz a menor diferença. O que aqui chamo de "teologia" é algo, na minha opinião, vinculado ao tempo, o produto, penso eu, de um estágio alcançado pela humanidade e que um dia será superado, passando para a história. As artes plásticas e os idiomas talvez sejam formas de expressão próprias de determinadas fases da história humana, e, portanto, também passíveis de superação e substituição. Todavia, quero crer que em cada uma dessas fases nada é mais importante e confortador para o ser humano em busca da verdade que a percepção de que na base da separação em raças, cores, línguas e culturas existe uma unidade, e que não há diferenças entre pessoas e espíritos, mas somente Uma Humanidade e Um Espírito.

Resumindo: o caminho leva da inocência à culpa, da culpa à desesperança e da desesperança ao declínio ou à salvação, sem retornar, neste último caso, ao paraíso infantil anterior à moral e à cultura, e sim passando sobre ele para chegar ao conhecimento da vida por força de uma crença. Também é natural que ocorra, em cada estágio, um retrocesso. A rigor, aquele que despertou raramente consegue deixar o reino governado pelo bem e pelo mal para de novo se refugiar na inocência. Quem já vivenciou a graça e a redenção, entretanto, frequentemente volta ao segundo estágio, revertendo às suas leis, ao medo, às exigências nunca realizáveis.

Nessas condições, vejo os estágios da humanização como um histórico do desenvolvimento da alma. Digo isto por experiência própria e com base nos testemunhos de muitas outras almas. Em todas as épocas da história, em todas as religiões e formas de vida, as experiências se repetem com a mesma tipicidade, gradação e sequência: a perda da inocência, a busca por justiça na forma da lei, a consequente desesperança, descrevendo círculos inúteis ao redor da superação da culpa pelo trabalho ou pelo conhecimento, e finalmente a ascensão do inferno para um mundo mudado e uma nova forma de inocência. A humanidade já descreveu este processo evolutivo centenas de vezes em maravilhosas alegorias, das quais a mais comum entre nós é a que mostra o caminho entre o Adão paradisíaco e o cristão redimido.

Muitas dessas imagens simbólicas certamente nos mostram outros e mais elevados níveis do desenvolvimento, até Mahatma, até Deus, até a pureza do espírito não mais atrelado à matéria e ao sofrimento. Todas as religiões conhecem tais imagens volitivas, que a mim frequentemente parecem, como tal, o que há de melhor: o perfeito, alheio à dor, imaculado e imortal. Só não sei se essas imagens são apenas um sonho encantado ou se já foram experiência e realidade, se algum dia existiu um deus homem. O que sei, entretanto, é sobre aqueles estágios principais do histórico da alma; disto eu sempre soube, assim como o sabiam e sabem todos os que viveram aquelas experiências, pois são realidades. Os sonhados estágios ainda mais elevados da humanização podem existir ou não, porém seria bom saber que estão presentes sob a forma de sonho, imagem votiva, poesia e objetivo ideal. Se algum dia tiverem sido vivenciados por qualquer pessoa, foram experiências sobre as quais esta pessoa silenciou e cuja forma, para quem não as conheceu, é ininteligível e intransferível. As lendas sagradas de todas as religiões contêm indícios de tais experiências que nos parecem bastante convincentes. Nas heresias de pequenas seitas e falsos profetas, frequentemente encontramos menções semelhantes, todas elas com características de alucinação ou demência consciente.

A propósito, não são apenas aqueles últimos e místicos estágios e possibilidades experimentais que escapam à compreensão e à mediação explícita. No caminho percorrido pela alma, também os estágios iniciais, incluindo os passos mais elementares, são compreensíveis e comunicáveis somente para quem os vivenciou em si mesmo. Quem ainda não passou pela primeira inocência jamais entenderá as confissões dos reinos da culpa, do desespero e da salvação, que lhe parecerão tão absurdas quanto a mitologia de um povo estranho para um leitor pouco versado no assunto. Em compensação, qualquer pessoa é capaz de reconhecer imediata e infalivelmente, nos relatos de terceiros, as típicas experiências da alma por ela vividas, mesmo que as tenha de traduzir de uma teologia estrangeira e desconhecida. Todo cristão que realmente vivenciou alguma coisa reconhece as mesmas experiências, de forma inequívoca, em Paulo, Pascal, Lutero ou Inácio. Todo cristão que já avançou um passo em direção ao núcleo da fé, deixando para trás o nível das experiências meramente "cristãs", é capaz de identificar em outras crenças religiosas todos aqueles fundamentos da alma e seus traços característicos, ainda que em diferentes simbologias.

Contar minha própria história espiritual, iniciada na cristandade, daí desenvolvendo uma exposição sistemática da minha crença pessoal, seria uma tarefa impossível. Há referências ao assunto em todos os meus livros. Entre seus leitores, muitos atribuem a esses livros um sentido e um valor específicos, na medida em que neles identificam claramente suas próprias e mais importantes experiências, vitórias e derrotas. Não são em grande número, assim como também não é grande o número de pessoas dotadas de vivência espiritual. A maioria jamais se tornará humana, permanecendo em estado primitivo no lado ingênuo situado aquém dos conflitos e da evolução; a maioria talvez nunca venha a conhecer sequer o "segundo estágio", permanecendo no irreverente mundo animal dos seus instintos e sonhos pueris, onde lhe parecem ridículas as lendas que falam de um estado além da escuridão em que vivem, do bem e do mal, do desespero entre o bem e o mal e da emersão da miséria para as luzes da graça.

É possível que a evolução da alma e da individualidade humanas admita milhares de formas, porém o caminho e os degraus a percorrer são sempre os mesmos. Observar como este inflexível e inevitável caminho é percorrido, suportado e vencido de tantas formas diferentes e por tantos tipos de pessoas é decerto a maior paixão de historiadores, psicólogos e poetas.

Dentre as tentativas do nosso intelecto no sentido de entender e sistematizar o conteúdo desse álbum fotográfico multicolor, destaca-se, como primeira e mais antiga, aquela de dividir e organizar a humanidade em tipos. Quando eu mesmo tento, a meu modo e à luz da minha experiência, identificar dois tipos fundamentais e opostos de seres humanos, para assim estabelecer duas formas basicamente diversas de percorrer o imutável caminho da humanidade, chego à conclusão de que qualquer ideia relacionada com a dita tipificação humana não passa de uma brincadeira. Não há um número limitado ou ilimitado de espécies determinadas segundo as quais se possa classificar os seres humanos; para um filósofo, nada pode ser mais funesto que a crença literal em qualquer doutrina taxonômica. Na realidade, porém, a classificação em tipos existe — sempre manipulada pela maioria das pessoas de forma inconsciente — como um jogo, uma tentativa de dominar nossa massa de conhecimento, um meio imperfeito de ordenar nosso mundo experimental. Supõe-se que até uma criança pequena diferencie qualquer pessoa abrangida por seu campo visual segundo tipos que têm como modelos o pai, a mãe e a ama de leite. A experiência e a leitura me levaram a uma classificação dos seres humanos em dois tipos fundamentais, que denomino de racionais e devotos. Sem maiores considerações, minha ordenação do mundo obedece a esse esquema bastante genérico.

Tal recurso, no entanto, tem uma duração efêmera, resultando sempre no retorno imediato ao indecifrável enigma. Há muito deixei de acreditar que o conhecimento e a breve observação do caos universal nos seriam mais proveitosos que essa ordem aparente de um momento feliz, esta sempre desfrutável pequena alegria de ver, por um segundo, o caos se disfarçar em cosmos.

Quando, num daqueles momentos felizes, aplico à história universal meu esquema "racional ou devoto", a humanidade para mim passa a ter, naquele instante, somente dois tipos. Observando uma figura histórica qualquer, acredito saber a que tipo pertence; até mesmo em relação a mim penso ter idêntica e absoluta certeza, ou seja, de que pertenço ao grupo dos devotos, e não ao dos racionais. No instante seguinte, porém, quando a rica imagem mental se dissipa, o mundo magnificamente ordenado volta a ser uma confusão absurda e eu passo a não saber mais nada de tudo aquilo que pensava ver com tanta clareza, como, por exemplo, a qual dos meus dois tipos pertenceriam Buda ou Paulo, César ou Lênin; além de tudo, nada mais sei também sobre mim mesmo. Mal acabo de constatar que seria um devoto, logo descubro em mim, traço a traço, as características do ser racional e, com especial clareza, aquelas mais desagradáveis.

Todo saber é assim. Saber é ação. Saber é experiência. Não persiste. Sua duração é o momento. Portanto, abrindo mão de qualquer sistemática, tentarei descrever, aproximadamente, os dois tipos que compõem meu esquema imaginário.

O RACIONAL CRÊ, ACIMA DE tudo, na sabedoria humana, que não vê como um belo dom, mas pura e simplesmente como o maior deles.

O racional acredita possuir dentro de si o "sentido" do universo e da própria vida. Transmite ao mundo e à história a aparência de ordem e objetividade típica da vida condicionada à razão. Acredita no progresso. Percebe que as pessoas de hoje atiram melhor e viajam mais rápido que as de outrora, mas não quer e não consegue enxergar que tais progressos implicaram milhares de retrocessos. Crê que o homem moderno é mais evoluído e elevado que Confúcio, Sócrates ou Jesus, pois desenvolveu, em maior escala, determinadas habilidades técnicas. O racional acredita que a Terra existe para ser explorada pelos homens. Seu mais temido inimigo é a morte, o reconhecimento da transitoriedade da sua vida e dos seus feitos. Evita pensar nela, e, quando não consegue afastar seus funestos pensamentos, busca refúgio na atividade, opondo à morte uma redobrada ânsia por bens, conhecimento, leis e domínio racional do mundo. Sua crença na imortalidade se confunde com a crença na evolução; como elo atuante da eterna cadeia do progresso, se julga protegido da extinção total.

O racional tende, vez por outra, a sentir ódio e inveja dos devotos, que não creem no seu progresso e se colocam no caminho para a realização dos seus ideais racionais. Isto nos faz pensar no fanatismo dos revolucionários e nos lembra as exaltadas manifestações de impaciência de todos os autores progressistas, democratas racionais e socialistas para com os heterodoxos.

O racional aparenta, no cotidiano, ser mais seguro da sua crença que o devoto. Em nome da deusa razão, sente-se no direito de mandar e organizar, de violentar o semelhante, a quem só deseja impingir o bem: higiene, moral, democracia etc.

O racional aspira ao poder, ainda que seja apenas para impor o "bem". Aqui, o maior perigo que corre se encontra na ambição pelo poder, na sede de governar, no terror. Trótski, que não suportava ver um camponês ser açoitado, mandou matar centenas de milhares, sem nenhum escrúpulo, por conta dos seus ideais.

O racional se apega facilmente a sistemas. Uma vez que buscam e detêm o poder, os racionais podem não apenas odiar e desprezar os devotos mas também persegui-los, processá-los e matá-los. Sentem-se responsáveis pelo poder e por empregá-lo "para o bem", finalidade que justifica o emprego de quaisquer meios, inclusive os canhões. O racional pode, às vezes, desesperar-se ao ver a natureza e aquilo que chama de "tolice" se tornarem cada vez mais fortes. Pode até sofrer muito por ter de perseguir, castigar e matar.

Haja vista sentir, apesar de todas as contradições, uma forte confiança em si mesmo, seus melhores momentos são aqueles em que, no íntimo, a própria razão se confunde com o espírito que criou e governa o mundo.

O racional racionaliza o mundo e a ele impõe sua autoridade. Está sempre a mostrar uma impassível austeridade. É um educador.

O racional sempre desconfia dos próprios instintos.

O racional demonstra sempre insegurança diante da natureza e da arte. Ora as vê com desprezo, ora as superestima por superstição. É aquele que paga milhões por uma obra de arte ou manda construir reservas para pássaros, animais ferozes e indígenas.

Para os devotos, a fé e a consciência se fundamentam no respeito, expresso, entre outras, por duas características marcantes: um forte senso de natureza e a crença em um ordenamento suprarracional do mundo. O devoto considera a razão um sublime dom, mas não a vê como um meio necessário e suficiente à compreensão ou mesmo ao domínio do mundo.

O devoto crê que o ser humano é uma parte da Terra destinada a servi-la. O devoto foge quando o medo da morte e da transitoriedade o ameaçam, na crença de que o Criador (ou a natureza) também se vale desses meios para nós assustadores na conquista dos seus objetivos, sem ver, no ato de esquecer ou combater esses pensamentos, uma virtude, mas sim a horripilante, porém respeitosa, entrega a uma vontade superior.

Não acredita no progresso, pois o exemplo que segue não é o da razão, mas o da natureza, onde não pode perceber qualquer progresso, mas tão somente o gozo da vida e a autorrealização dotados de forças infinitas e sem um objetivo final visível.

O devoto tende, vez por outra, a sentir ódio e inveja dos racionais; a Bíblia está repleta de exemplos flagrantes de fúria contra os infiéis e os ideais mundanos. Contudo, o devoto também desfruta, em raros momentos de êxtase, o brilho que emana das experiências espirituais que a fé lhe concede e que o leva a perceber que todo o fanatismo e toda a selvageria dos racionais, todas as guerras, perseguições e torturas perpetradas em nome de um ideal mais elevado têm, no fim, de se curvar perante os desígnios de Deus.

O devoto não anseia por poder, tem vergonha de se impor a outrem. Não gosta de dar ordens, e esta é sua maior virtude. Em contrapartida, frequentemente se mostra demasiado tímido ao lidar com coisas realmente cobiçáveis, tendendo ao quietismo e à egolatria.* Contenta-se, muitas vezes, em nutrir seus ideais,

---

* No original, o termo empregado é *"Nabelschau"*, cuja tradução literal seria "contemplação do umbigo", significando, no idioma alemão, "preocupação exagerada consigo mesmo" [Wahrig Deutsches Wörterbuch, © Bertelsmann Lexikon Verlag GmbH, Munique, 1997]. Embora a língua portuguesa admita a expressão "autocontemplação do umbigo" ou "contemplação do próprio umbigo", seu significado corrente, de tendência depreciativa, não nos pareceu apropriado ao presente contexto, mais próximo do conceito de "egolatria", como "apreço

sem se esforçar no sentido da sua realização. Uma vez que Deus (ou a natureza) é mais poderoso que nós, não precisa intervir.

O devoto se apega facilmente a mitologias. É capaz de odiar e desprezar, mas não persegue nem mata. Jesus e Sócrates nunca foram perseguidores ou assassinos, mas sempre sofredores. Muitas vezes descuidado, nem por isso dispensa menores atenções às grandes responsabilidades. Assim, sente-se responsável não só pela sua modéstia na realização de boas ideias como também pelo próprio declínio e pela culpa que o inimigo possa carregar em razão da sua morte.

O devoto mistifica o mundo e nem sempre o leva suficientemente a sério. Está sempre disposto a brincar. Em vez de educar as crianças, as enaltece espiritualmente. O devoto tende permanentemente a desconfiar do próprio intelecto.

Diante da natureza e da arte, o devoto se mostra sempre confiante e à vontade; em compensação, revela insegurança perante a cultura e a inteligência, ora desprezando-as e espezinhando-as, como disparates, ora valorizando-as em demasia, por superstição. Em casos extremos de conflito, quando um devoto é tragado pela máquina racional e vem a falecer, seja em decorrência de um processo penal, seja em uma guerra da qual participou contra sua vontade, por ordem do racional, ambas as partes são culpadas. O racional é culpado pela existência de penas capitais, prisões, guerras e canhões, e o devoto, por nada ter feito para tornar tudo isso impossível. A história universal encerra dois julgamentos nos quais a clareza e o simbolismo da morte de um devoto por radicais não têm paralelos: os processos contra

---

exagerado pela própria personalidade" [Dicionário eletrônico Houaiss da língua portuguesa, Editora Objetiva, © 2001 Instituto Antônio Houaiss]. (*N. do T.*)

Sócrates e o Salvador, que revelam momentos de espantosa ambiguidade. Não teria sido mais fácil, para os atenienses e para Pilatos, encontrar uma maneira de libertar o acusado sem perda de prestígio? Não teria sido mais fácil, tanto para Sócrates quanto para Jesus, em vez de aceitarem, com certa crueldade heroica, que seus opositores os declarassem culpados, para mais tarde sobre eles triunfarem, moribundos, terem evitado, com um pequeno esforço, toda a tragédia? Certamente. Porém, as tragédias não podem ser evitadas, pois não são desastres, mas sim choques entre mundos opostos.

Ao confrontar constantemente, nas definições acima, "devotos" e "racionais", espero que o leitor tenha sempre consciência do significado puramente psicológico atribuído a tais conceitos. Aparentemente, os "devotos" muitas vezes empunharam a espada, sangrando os "racionais" (como, por exemplo, durante a Inquisição). Acontece que os devotos não são os padres, assim como os racionais também não são os adeptos do pensamento. Quando um tribunal heresiológico espanhol condenava um "livre-pensador" à morte na fogueira, o inquisidor era o racional, o organizador, o poderoso, e sua vítima, o devoto.

Aliás, apesar da relativa rigorosidade do meu esquema, jamais passou pela minha cabeça atribuir aos devotos a habilidade e aos racionais a notabilidade. Ambos são terrenos férteis para a genialidade, o idealismo, o heroísmo e a abnegação. Para mim, todos os "racionais", como Hegel, Marx e Lênin (e, no final, até mesmo Trótski), são gênios. Por outro lado, continuo considerando os devotos e impotentes da grandeza de um Tolstói como as maiores vítimas da "realização".

Creio que uma característica marcante dos seres geniais é destacar justo seu tipo como um exemplar particularmente bem-sucedido, sem, no entanto, deixar de alimentar uma atração secreta e um respeito velado pelo polo contrário. O ser puramente calculista não é um gênio, assim como o ser puramente impressionável. Algumas exceções parecem oscilar entre os dois tipos fundamentais, possuindo talentos frontalmente opostos que, ao invés de se reprimirem mutuamente, se reforçam. Dentre os inúmeros exemplos, destacam-se os matemáticos devotos (como Pascal).

Portanto, da mesma forma como os gênios devotos e racionais se respeitam, se gostam secretamente e se sentem atraídos uns pelos outros, as mais sublimes experiências espirituais de que somos capazes, como seres humanos, também encerram uma permanente harmonia entre respeito e razão, um reconhecimento recíproco de semelhança entre os grandes contraditórios.

Considerações finais

SE AGORA, FINALMENTE, ASSOCIARMOS os dois esquemas, o dos três estágios da humanização e o dos dois tipos fundamentais de seres humanos, concluiremos que o significado dos três estágios é idêntico para os dois tipos. Além disso, veremos que também aqui os conflitos e as esperanças de ambos os tipos são diferentes. Nos dois tipos, o estágio da infância e da inocência natural se apresenta sob formas semelhantes. Contudo, o primeiro passo na direção da humanização, a entrada no reino do bem e do mal, já não terá a mesma aparência nos dois casos. O devoto vai se tornar ainda mais ingênuo, deixando o paraíso e assumindo a culpa com menor impaciência e maior repugnância. Em compensação, terá pernas mais vigorosas para percorrer o estágio seguinte, o caminho da culpa até o perdão. De modo geral, pensará o mínimo possível no estágio intermediário (que Freud chama de "o mal-estar na cultura"), dele tentando se afastar. Por se sentir sobretudo um estranho no reino da culpa e da inquietação, seu acesso ao próximo e redentor estágio será, sob determinadas circunstâncias, facilitado. Ocasionalmente, porém, vislumbrará e empreenderá o infantil retorno ao paraíso, ao mundo irresponsável, livre do bem e do mal. O racional, por sua vez, encontra no segundo estágio, o estágio da culpa, da cultura, da atividade e da civilização, seu verdadeiro habitat. Os resquícios da infância não lhe causam incômodo ou preocupação por muito tempo; trabalha com afinco, assume com prazer as responsabilidades, não sente saudades da infância perdida nem muita ânsia por se libertar do bem e do mal, embora tal experiência também lhe pareça desejável e factível. Mais facilmente que o devoto, sucumbe à crença de que logo estará livre das tarefas impostas pela moral e pela cultura, mas tem maior dificuldade que o primeiro para chegar ao estágio intermediário do desespero, do insucesso dos seus esforços, da inutilidade da sua justiça. Por isso, quando o desespero se instala, talvez tenha um pouco mais de dificuldade que o devoto para ceder àquela tentativa de fuga para o mundo anterior e a irresponsabilidade.

No estágio da inocência, o devoto e o racional travam uma disputa da mesma forma como brigam duas crianças de temperamentos distintos.

No segundo estágio, já conscientes, os dois polos contrários lutam entre si com a violência, a paixão e a tragicidade características dos grandes acontecimentos.

No terceiro estágio, os beligerantes passam ao reconhecimento mútuo, não mais como estranhos, e sim como complementares. Começam a se amar e a sentir falta um do outro. Aí tem início o caminho que descortina as possibilidades da humanidade, até hoje nunca visto por olhos humanos.

Zen

Preâmbulo

O PRESENTE CAPÍTULO SE REFERE à publicação do *Biyan lu*, um clássico do zen-budismo chinês traduzido e comentado por Wilhelm Gundert.

Sou amigo de Wilhelm Gundert, meu primo, desde a infância; ele é apenas três anos mais novo que eu. Mantivemos contato e intercâmbio mesmo durante suas décadas de atividade no Japão. Nas visitas que fez a Montagnola, permitiu que participássemos, minha esposa e eu, do nascimento da magnífica obra que viria a concluir na velhice, mais precisamente a tradução do *Biyan lu* para o alemão. Quando lia para nós um capítulo, desfrutávamos horas agradáveis e solenes, e, ainda que tais leituras contivessem passagens capazes de nos matar de tanto rir, seu efeito construtivo não sofria solução de continuidade.

A obra foi publicada em setembro de 1960. A primeira leitura requereu algumas semanas. Desde então, esse livro e as reflexões dele decorrentes ocuparam grande parte dos meus dias. Eu já tivera oportunidade de ler muitos artigos e alguns livros sobre zen, e tudo o que estes não me haviam dado a conhecer consegui obter naquela sagrada ocupação.

A carta que enderecei a Wilhelm Gundert foi escrita logo após o lançamento do livro...

Carta a Wilhelm Gundert

Antes de qualquer coisa, muito obrigado e meus calorosos cumprimentos!

Caro primo Wilhelm,

Desde o grandioso acontecimento representado pela tradução alemã do *Yi Jing* por R. Wilhelm há quase quarenta anos, nenhum outro tesouro do Extremo Oriente conquistado pela inteligência ocidental me tocou tão profundamente e trouxe tanta alegria ao meu lado oriental quanto a magnífica obra, que até agora só pude compilar em linhas gerais, à qual você dedicou sua velhice, em mais de uma década de paciente e perseverante trabalho.

A despeito de ter acompanhado sua vida e seu pensamento, participei da criação dessa transcendente obra de uma forma tão intensa e frequente que, mesmo não sendo sinólogo ou pesquisador religioso, talvez me seja permitido agradecer-lhe publicamente este presente da mais alta qualidade; os anos de vida que me restam serão poucos para explorar seu conteúdo e sua magia. Por mais de oitocentos anos, os melhores e mais devotos intelectos da China e do Japão beberam desta fonte sem esgotá-la; feridos e recuperados, estudaram esse livro da sabedoria decifrando seus enigmas, perscrutando respeitosamente suas profundezas, sorvendo seu néctar e provando, com sorriso erudito, do seu humor oculto.

Algum tempo atrás, era muito pouco provável que um europeu fosse capaz de ler e entender as camadas superpostas desta maravilha guardada a sete chaves, de penetrar e absorver seu espírito sem derramamento de sangue cristão-ocidental ou de interpretar e até mesmo traduzir seu conteúdo (ou apenas o primeiro terço). Para tanto, foi necessária uma vida inteira de singular e multifacetada preparação, incluindo os doze ou treze anos que você finalmente dedicou a sua realização e que constituem apenas o último capítulo de uma existência durante a qual — antes mesmo de conhecer Yuanwu, seus grandes antecessores, seus poderosos sucessores e as consequências dos seus feitos — você se preparou e se equipou, como um predestinado, para essa tarefa.

Em nossa geração, você e eu somos aqueles que assimilaram, ainda que de formas muito diferentes, as ideias e o temperamento do nosso avô, modelando e transmitindo, cada qual ao seu modo, a preciosa herança recebida. A tradição não será quebrada, pois já a vejo incorporada e desenvolvida em um dos seus filhos e em um dos seus netos.

A definição e a sublimação das virtudes inerentes aos Gundert, a dedicação e a tenacidade, naturalmente sujeitas a fraquezas e ameaças, começaram com nosso avô, que, partindo do convívio com as sólidas práticas suábicas e pietistas, características de suas origens e de sua formação, soube encontrar, ao longo de várias etapas, o caminho para o mundo, para a comunhão supranacional e atemporal dos espíritos. É bem verdade que, após algumas breves e arrojadas tentativas de rebelião na adolescência, continuou sendo um pietista suábio, porém um teólogo que trocou a paróquia local por uma missão pagã e um pastor que escolheu para esposa, em vez de uma fervorosa suábia, uma estrangeira de origem românica que nunca aprendera, de fato, o idioma alemão. A par do poder central que regia sua vida, a devoção cristã, outras forças e dons o ajudavam a ampliar, ornamentar e suavizar aquela rica existência, sobretudo a íntima relação com a música e a forte inclinação para o estudo de idiomas, que o levou a se tornar sanscritólogo, indólogo, tradutor, gramático e lexicólogo. Além de falar sânscrito com os brâmanes hindus, tinha uma estreita e apaixonada afinidade com o mundo das línguas indo-germânicas. No trato com os idiomas que conhecia, suas paixões não se limitavam a estruturas, gramáticas e vocabulários, estendendo-se às aparências exteriores, aos apelos eróticos, às motivações e à música. De tudo isto, cada um de nós herdou uma parcela — você, a filosófica, e eu, a poética — do gosto pelos prodígios e feitiços dos idiomas, os maiores tesouros da humanidade, nos quais natureza e espírito, legalidade e liberdade se interpenetram de múltiplas formas. Com a missão indiana do nosso avô, teve início o invulgar ambiente espiritual, o sentimento inato de harmonia e sensibilidade em relação ao Oriente que viria a se manifestar nos seus netos, de maneiras bem distintas, como tendência ao orientalismo. Foi o velho predecessor e exemplo quem forjou as bases para que o neto Wilhelm pudesse um dia entender, traduzir e oferecer ao Ocidente o mais famoso livro didático do budismo que migrou da Índia para a China, lá se transformando em zen, e para que o neto Hermann pudesse ingressar na escola dos upanixades, do budismo e da sabedoria chinesa. Certamente não teríamos sua concordância, seja com o uso que você fez dos seus conhecimentos orientais e da maturidade que adquiriu em muitos anos de viagens, seja com minha poesia hindu. Todavia, ao ler a folha de rosto da sua tradução alemã do *Biyan lu*, ele haveria de sorrir, por detrás de sua linda barba branca, com uma inconfessável expressão de alegria e reconhecimento, assim como sorriria também, creio eu, com a chegada do meu *Sidarta* e sua tradução em diversos dialetos hindus, entre os quais o seu predileto, o malaiala.

Resta saber, no momento, se as escrituras dos mestres zen, datadas do início do século XII, serão compreendidas no Ocidente ou mesmo nos países de língua alemã. Existe, é claro, um pequeno número de entendidos e especialistas; alguns dos seus colegas sinólogos e cientistas religiosos tentarão lhes fazer justiça, porém, até neste pequeno círculo, serão muito poucos os que irão além da compreensão de apenas *uma* página da obra (talvez alguns filólogos, historiadores religiosos e culturais ou pedagogos), mostrando-se abertos à arrebatadora e complexa impressão do todo. Seu trabalho de traduzir, com auxílio das ferramentas produzidas por uma vida inteira de pesquisa e aprendizado, de um poderoso aparato filológico e filosófico e da infinita paciência adquirida em décadas de convívio com os japoneses, uma obra tão singular, tão estranha ao nosso intelecto ocidental, tão repetitiva, tão excêntrica, intricada e gigantesca, é algo que poderia ser comparado a uma empreitada quixotesca e, portanto, a uma cavalheiresca loucura, não esquecendo, todavia, que o cavaleiro possuído conquistou o mundo e nossos corações.

Será preciso algum tempo para saber quanto de atenção sua obra despertará, mas temos de convir que somos velhos demais para vivenciar suas verdadeiras consequências. Os obstáculos, os descaminhos, os espinhos e os traiçoeiros pântanos que terão de ser superados para o pleno entendimento da obra não se encontram ao alcance da vista do leitor; muitos dos que terão o livro em mãos e nele se concentrarão haverão de se comportar como o imperador chinês da primeira história, que perguntou a Bodidarma sobre o mais elevado dos significados, recebendo como resposta: "Não é em mim que o imperador haverá de encontrá-lo."

À primeira vista, quero crer que a aparência deveras assustadora e a blindagem metálica que protege o delicado coração fazem parte da essência e do valor do livro, repelindo os impacientes, os curiosos e sobretudo os sabichões. Aos dedicados e respeitosos, contudo, por mais marginalizados que sejam, o suave núcleo permite sentir, através da sua rígida couraça, o sagrado perfume que nunca mais os abandonará. Pois o alvo para o qual os mestres direcionam os iniciados e que até hoje constitui a razão de ser de toda a sabedoria zen é o segredo que permeia e ronda as camadas e as tramas do livro, o mesmo e mais elevado bem impossível de ser descrito, o objeto e a finalidade de qualquer devoção. As palavras capazes de sensibilizá-lo e exortá-lo são, entre outras, glória, paz, salvação, passagem do presente para a eternidade e nirvana.

Creio piamente no significado e no valor do seu grande feito. Para que o possível se realize, é necessário buscar sempre o impossível.

Mais uma vez obrigado, caro primo, e meus calorosos cumprimentos!

O dedo erguido

MESTRE CHUJI TINHA, SEGUNDO NOS CONTARAM,
Um jeito tão tranquilo, delicado e modesto
Que quase o impedia de falar e ensinar,
Posto que a palavra é aparente, e ele bem sabia
Da necessidade de evitar toda aparência.
Enquanto muitos discípulos, monges e noviços
Do sentido do mundo e do maior dos bens,
Em nobres discursos e espirituosos gracejos,
Se compraziam ao falar, ele se mantinha mudo
E cauteloso diante de qualquer excesso.
E, quando eles vinham com suas perguntas,
Tanto o vaidoso quanto o sério, sobre o significado
Das velhas escrituras, sobre o nome de Buda,
Sobre a iluminação, sobre o começo e o fim
Do mundo, ele permanecia calado, apenas
Apontando o dedo delicadamente para o alto.
E a indicação daquele dedo mudo

Era cada vez mais íntima e censora:
Falava, ensinava, elogiava, punia e mostrava,
Com tanto afeto, o mundo e a verdade,
Que muitos dos jovens começaram, pouco a pouco,
A despertar, vivenciar e entender
Aquele dedo erguido.

Jovens noviços no mosteiro zen

I

A CASA DO MEU PAI FICAVA AO SUL,
Arejada pelo vento, sob um céu azul.
Todas as noites com ela sonhava,
Entre lágrimas muitas vezes acordava.

Desconfiado, o colega perguntava:
O que há contigo? Sua ironia me incomodava.
Os velhos monges roncavam como animais,
Acordado no frio, só eu, Yu Wang, ninguém mais.

Um dia, um dia meu cajado hei de pegar,
Calçar as sandálias, outro rumo tomar,
Caminhando milhares de milhas para voltar
À alegria perdida, ao aconchego do lar.

Mas quando do mestre o olhar de morte
Me encontrava, percebia a minha sorte,
Sentia que meu corpo gelava e ardia.
Trêmulo, tinha vergonha e não ia, não ia.

II

É tudo ilusão e loucura,
E a verdade é indizível.
Mas a montanha me olha, escura,
Recortada e bem visível.

O veado e o corvo, a rosa em botão,
O azul do mar, o mundo de cor e paz:
Concentra-te — e tudo então se desfaz,
Sem nome e sem expressão.

Concentra-te, toma consciência,
Aprende a olhar, aprende a ler!
Concentra-te, e o mundo vira aparência.
Concentra-te, e a aparência vira ser.

Josef Knecht a Carlo Ferromonte

AMIGO, É DE FATO UM prazer, e até um consolo, ver como todas as coisas, inclusive as que julgamos totalmente perdidas, conseguem ressurgir e ganhar outra vida. Há pouco tempo, você me contou que muitos dos seus colegas estavam se dedicando a leituras budistas, mais precisamente à literatura zen, de origem chinesa ou japonesa. Parece-me que, no seu entender, não passa de puro modismo e ocioso passatempo; você mesmo já decidiu não se envolver no assunto. Uma vez que me interesso por tudo o que lhe diz respeito, tomo a liberdade de externar algumas das minhas ideias sobre o tema em questão, haja vista que a "moda" também já chegou por aqui, em Waldzell, levando-me a atualizar, em leituras, meus parcos conhecimentos da matéria. Recentemente, voltei a ler com frequência a *Niederschrift von der smaragdenen Felswand* [Inscrição do rochedo azul], o chinês *Biyan lu.*

Você há muito sabe da minha predileção pelos chineses, que, a princípio, nada têm a ver com budismo ou zen, mas com a maravilhosa China classicista que ainda não conhecia Buda. A antiga coleção de poemas, o *Yi Jing,* os livros de ou sobre Confúcio, Laozi e Zhuangzi fazem parte da lista dos meus mestres do mesmo modo que Homero, Platão e Aristóteles, tendo ajudado a moldar meus conhecimentos e minhas opiniões a respeito de pessoas boas, sábias e perfeitas. Como palavra e ideia, prefiro o Tao ao nirvana, o mesmo acontecendo em relação à pintura chinesa, cujos traços tradicionais, cuidadosos e de tendência caligráfica me atraem bem mais que a arte vigorosa, impetuosa e genialmente encantadora de muitos pintores zen. Um fato dos mais notáveis e para mim não menos incômodo foi ouvir certa vez, de um motorista oriental adepto do lema *"ex Oriente lux"*, a afirmação de que a China havia recebido do Ocidente, isto é, das Índias Orientais, seu maior tesouro espiritual. Bem, é uma questão de gosto e humor apurados, que não deve ser levada mais a sério que o desejo fugaz de interromper a história que, vez por outra, alguns sonhadores se permitem, algo assim como pensar que Michelangelo não sucedeu a Ghirlandaio, Piero della Francesca e Lippi, que Wagner não sucedeu a Beethoven e que a religião do Ocidente conserva a forma do primitivo cristianismo.

Destarte, a China também não parou nos antigos imperadores, em Kung Fu ou em Lau Dan, vindo a receber uma nova luz alguns séculos depois da sua primeira e grandiosa florescência. E esta luz, queiramos ou não, não veio do Oriente, mas sim dos patriarcas "do longínquo Ocidente", dos ensinamentos do Buda indiano, que, a princípio, conquistaram e enfeitiçaram totalmente seus discípulos com o dogmatismo, a especulação e a escolástica hindus. A portentosa literatura das escolas budistas foi traduzida e comentada, enquanto nos mosteiros surgiam gigantescas bibliotecas, fazendo com que a luz do Ocidente ofuscasse o brilho das estrelas locais. Assim foi, ou parece ter sido, durante algum tempo; o chinês se tornou asceta e devoto. O dragão foi domado. Um dia, porém, o que ele havia ingerido de estranho e entorpecente foi digerido; o dragão despertou e se espreguiçou, dando início, então, à antiga e feroz disputa entre vencedor e vencido, pai e filho, a luta do Ocidente educador e especulativo contra o Oriente sereno e volúvel. E o Buda ganhou uma nova aparência, de feições chinesas. É assim que vejo, como leigo, os primórdios do zen.

No entanto, penso que seria mais proveitoso se eu lhe transmitisse algumas impressões pessoais sobre o que permaneceu, insistentemente, na minha memória, após algum estudo da "Inscrição" do *Biyan lu*. Todavia, não sei se devo recomendar a leitura. O livro é encantador e comovente, porém seu cerne é protegido por uma espessa e rígida couraça; para alguém como você, acostumado a ver claramente, diante de si, seus objetivos, a vida é curta demais para ser dedicada, dias e semanas a fio, à decodificação de tais hieróglifos. Meu caso é diferente. Não estando engajado em uma tarefa específica, estou sempre à procura de atividades repetitivas, com apetite e consciência voltados para o campo infinito da história espiritual humana.

Como você bem sabe, a essência da famosa "Inscrição" se constitui em pequenas anedotas (no livro chamadas de "exemplos"), algumas contendo adágios ou provérbios, outras descrevendo feitos e práticas de conhecidos mestres zen da antiguidade. Os adágios são para nós — assim como eram para os chineses do século XI — quase incompreensíveis, e seu significado só pode ser entendido a partir dos comentários que os acompanham. Aqui vão dois exemplos triviais:

Ao término do semestre de verão, Zui Yen dirige a seus discípulos as seguintes palavras:

Durante todo o verão, falei sem parar por amor a vós, irmãos. Vede, agora, se Zui Yen ainda tem pestanas!

Zaufu então falou: Os que praticam o roubo não têm nada dentro do coração.

E Zhangjing disse: Maduros eles são!

E Yunmen disse: Objeção!

Ou então:

Um monge perguntou a Xianglin: O que significa dizer que o Patriarca veio do Ocidente distante? E Xianglin respondeu: Que se cansou de lá.

Veja só, é uma espécie de canto das bruxas. A gente imagina alusões, evocações e significados ocultos, entrevendo fórmulas mágicas, mas não é nada disso, é apenas uma indicação precisa de determinados objetivos, dos quais é preciso ter a chave. Para encontrá-la, não nos bastam as paráfrases e os comentários da "Inscrição"; precisamos também de um sinólogo e de um guia versado em Buda.

Apesar de tudo, algumas mensagens contêm um palavreado simples e de fácil entendimento. Uma delas — e logo a primeira do livro — me causou profunda impressão, como se fosse uma revelação; acredito que jamais a esquecerei.

Um imperador se encontrou com o arquipatriarca Bodidarma. Com a presunção e a ignorância do leigo e cosmopolita, indagou ao monge: "Qual o maior significado da sagrada verdade?" E o patriarca respondeu: "Amplidão sem limites — nada de sagrado." A concisão e a grandeza desta resposta, Carlo, atingiram-me como um sopro do além; fiquei a um só tempo encantado e assustado, exatamente como naquele raro momento de conhecimento espontâneo ou experiência que chamo de "despertar" e sobre o qual, outrora, tivemos oportunidade de conversar, durante horas de muita seriedade. O encontro com este "despertar", que não é a vivência da união com o todo por meio da reflexão, mas sim uma experiência da realidade de corpo e alma, a interiorização da unidade, é o objetivo perseguido por todos os discípulos do zen.

Para atingir este objetivo, há tantos caminhos quantos são os seres humanos, assim como tantos guias quantos são os mestres zen. Entre discípulos e mestres, podem-se encontrar todos os tipos e variedades da etnia chinesa. No anedotário, a caracterização da maioria dos discípulos não é tão precisa quanto a dos mestres; assim como em nossos contos de fadas, o cenário dá preferência à simplicidade e à discrição, em detrimento do glamour e da habilidade. Entre os mestres, porém, há os severos e os delicados, os prolixos e os silenciosos, os modestos e os solenes, além dos coléricos, belicosos e até violentos. Até hoje, não encontrei um adágio com a grandiosidade daquele que fala da "amplidão sem limites", mas sim uma infinidade de transmissões sem palavras, que se expressam por meio de uma bofetada, uma bengalada, uma chicotada com rabo de iaque ou uma vela que se acende e logo se apaga. E há também um mestre, um daqueles silenciosos, que responde às perguntas dos seus discípulos sem pronunciar uma só palavra, utilizando apenas o dedo indicador, que ergue em gestos simbólicos, de tal forma que, na contemplação do dedo, os suscetíveis e maduros discípulos vivenciam o indizível. Há histórias que não se revelam à primeira leitura, soando como palavrórios ou discussões em uma língua qualquer, totalmente desconhecida entre humanos ou animais; quando relidas, porém, abrem repentinamente portas e janelas para todos os céus.

Considerando que já havíamos conversado sobre a minha versão do "despertar" muito antes de termos ouvido falar do zen, eu gostaria de mencionar algo que me lembra os iluminados do budismo chinês e me faz quebrar a cabeça. A experiência em si é minha conhecida; o "ser-atingido-pelo-raio-da-percepção" já me ocorreu algumas vezes. Também não é mistério para nós, ocidentais, o fato de que todos os místicos e seus discípulos, maiores ou menores, já o experimentaram. Quanto a isso, convém lembrar a iluminação de Jakob Böhme. Entre os chineses, no entanto, a iluminação parece durar a vida inteira, pelo menos entre os mestres, que dão a impressão de terem transformado a centelha em Sol, cristalizando o momento. Aí surge uma lacuna na minha compreensão: não consigo imaginar uma eterna iluminação, um êxtase perpetuado em forma de vida. Suponho que isto se deva à postura deveras ocidentalizada que levei comigo para o mundo oriental. Seja como for, só posso conceber que uma pessoa já desperta tenha maior facilidade que outra qualquer para experimentar uma segunda, terceira ou décima vez, que possa imergir, com naturalidade, em estados de sono e inconsciência, mas não tão profundos a ponto de impedir que um raio de luz mais próximo a acorde.

Para concluir, gostaria de lhe contar uma surpreendente e instrutiva história do *Biyan lu*.

Era uma vez, no século X, um mestre chamado Yunmen, conhecido pelos seus muitos e maravilhosos feitos. Morava no alto de uma montanha, a Wolkentorberg, ao sul da China, na província de Cantão. Certo dia, a ele veio ter um visionário em peregrinação, um modesto homenzinho que atendia pelo nome de Yuan. Há muito na estrada, já tinha percorrido metade da China, batendo à porta de um convento aqui, outro acolá, até que chegou a Wolkentorberg, onde foi acolhido e empregado por Yunmen como fâmulo e auxiliar pessoal. O grande psicólogo não tardou a perceber, ocultas no jovem e simples peregrino, algumas preciosas forças das quais nem ele mesmo fazia ideia; por isso, tratava o rapaz, de raciocínio lento, com infinita paciência.

Ouço você agora me perguntando:

— Por quanto tempo, então?

E lhe respondo:

— Dezoito anos!

Dia após dia, o mestre o chamava, uma ou mais vezes:

— Criado Yuan!

Sempre solícito e obediente, Yuan respondia:

— Sim.

E o mestre o repreendia todas as vezes:

— Sim, é o que falas. Mas o que queres dizer com isto?

Ressentido e embaraçado, o criado se perdia cada vez mais em explicações e justificativas, até desconfiar, como por instinto, que aquele chamado e as severas críticas a sua resposta deveriam ter algum significado. Assim, passou a se dedicar com maior frequência e afinco à justificativa do seu "sim", chegando a passar metade do dia pensando no que diria ao mestre na manhã seguinte. A pergunta do todo-poderoso acerca do que significava seu "sim" foi um osso dos mais duros que Yuan teve de roer, durante dias e semanas, ao longo de dezoito anos. E então veio um dia, aparentemente igual a todos os outros, no qual o fâmulo mais uma vez ouviu o mestre chamá-lo pelo nome, porém desta feita o "Yuan" lhe soou muito diferente. Era seu nome! Era ele, ele próprio e somente ele a pessoa nomeada, requisitada, ordenada, escolhida e chamada! Como o relâmpago que corta os céus e a trovoada que ecoa ao longe, ele ouviu: "Yuan!" E vejam só: o encanto se desfez, o véu se ergueu, Yuan passou a ouvir e enxergar, a contemplar o mundo em sua verdadeira dimensão, incluindo ele próprio, e a grande luz desceu sobre ele. Naquele dia, não respondeu "Sim". Em voz baixa, limitou-se a balbuciar: "Entendi."

É uma linda história, mas ainda não chegou ao fim. O servo Yuan não precisaria ter esperado tanto tempo somente para se tornar um iluminado. Havia algo mais destinado a ele; ele o pressentia, e mais ainda o mestre, que ainda o manteve a seu lado durante três anos, cercando-o de cuidados. Pronto para o mestrado, o ex-servo foi dispensado e iniciou o caminho de volta à terra natal, novamente peregrinando por todo o império, para então assumir a direção de um mosteiro, onde, sob o nome de Xiang-lin, permaneceu quarenta anos. Com 80 anos ou mais, sentindo próximo seu fim, procurou o prefeito da comarca, seu admirador e protetor do mosteiro, a fim de lhe apresentar seus agradecimentos e dele se despedir, pois, como disse, havia decidido retomar sua peregrinação. Pilheriando, um dos funcionários do príncipe comentou que o senhor abade teria mesmo enlouquecido: como poderia, velho e encarquilhado, empreender uma longa caminhada? O príncipe, no entanto, tomou o partido do mestre, absteve-se de comentários, despediu-se com a máxima cortesia e gentilmente o acompanhou até a saída. O velho retornou ao mosteiro, mandou chamar todos os seus monges, sentou-se diante da plateia silenciosa e disse:

— O velho monge que aqui está vira agora Uma página em quarenta anos.

Dizendo isto, seguiu, tranquilo e sem mágoas, rumo à transformação.

Adeus, Carlo. De seu J. K.

"A fé é mais poderosa que a dúvida"

Pensamentos extraídos de textos e cartas de Hesse

"O hindu chama de Atmã,

o chinês chama de Tao,

o cristão chama de graça."

Durante toda a vida, busquei uma religião que me conviesse, pois, embora criado em uma família extremamente devota, nunca me foi possível aceitar o deus e a crença que nela me ofereciam. Isto acontece a muitos jovens, com maior ou menor dificuldade, conforme o tipo de personalidade de que são dotados ou que lhes é determinado. O caminho que escolhi consistiu, inicialmente, na busca individualista, ou seja, na busca por mim mesmo e, tanto quanto possível, na tentativa de moldar minha própria personalidade... Mais tarde, me afeiçoei, por vários anos, ao conceito indiano de divindade, vindo a conhecer também, com o passar do tempo, os clássicos chineses; enfim, há muito deixara para trás a juventude quando, pouco a pouco, comecei a me reaproximar da crença na qual havia sido criado. Nesse contexto, o cristianismo católico clássico desempenhou um importante papel, embora minha motivação tenha me levado a rever também as formas protestantes de cristianismo e a literatura judaica, onde encontrei muitas coisas boas e estimulantes, principalmente nos livros chassidianos e nas obras do neojudaísmo, como a Königtum Gottes [Reinado de Deus]. Nunca pertenci a nenhuma comunidade, igreja ou seita, mas hoje me considero quase um cristão.

Do MEU PONTO DE VISTA, o caminho que percorri foi o seguinte: na juventude, contrariando os desejos paternos, não consegui evoluir no mundo religioso e espiritual onde crescia, ou seja, ser um cristão sem prejuízo da minha personalidade. Em compensação, não tive dificuldade para me tornar poeta. Destarte, a poesia foi para mim, durante muitos anos, um paraíso no qual os conflitos pessoais e espirituais nunca conseguiram entrar. Muito cedo, voltei-me para o estudo da cultura e dos hábitos hindus, encontrando na linguagem simbólica dos indianos e chineses minha religião, aquilo que supostamente me faltara na Europa. O fato de tê-la descrito no Sidarta ainda com roupagem hindu não quer dizer que a influência indiana fosse mais importante, e sim que, tão logo deixou de ter importância, passou a ser mais visível, como acontece com todas as coisas que passam pela minha vida e dela se despedem.

As FONTES DO MEU SABER são todas daquela época em que a humanidade atingiu o auge da sua capacidade intelectual, digamos que entre os séculos IX e IV a.C., podendo-se aí incluir também o Novo Testamento, quanto mais não seja, no que diz respeito ao relato da vida e das palavras de Jesus. O que mais tarde se filosofou não pesa muito para mim, ainda que por breves momentos os antigos conhecimentos dos tempos paradisíacos aflorem nos meus textos, revistos e reformulados. Os upanixades, o Buda, o Bagavad Gita, o Velho Testamento, os chineses, do *Yi Jing* a Zhuangzi, e os pensadores gregos até Sócrates, inclusive, são o mundo que imagino, um mundo que depois se refletiu tanto nas estratégias militares quanto na música, na pintura etc., mas nunca no pensamento.

O IDEAL HUMANÍSTICO NÃO É, a meu ver, mais digno que o religioso, assim como, no contexto das religiões, não faço distinção entre uma ou outra. E é justamente isso o que me impede de pertencer a qualquer das Igrejas existentes, porque lhes faltam a grandeza e a liberdade de espírito, porque cada qual se julga a melhor e única, considerando perdidos todos os que não lhe pertencem.

À PERGUNTA QUE O SENHOR me faz sobre "se não seria possível criar uma religião universal" tenho de responder que não. Nem mesmo as religiões autênticas e espontâneas conseguem proteger seus seguidores contra a estupidez e a brutalidade, aí se excetuando um pequeno número, uma elite de verdadeiros crentes. Muito menos podia se esperar de uma religião sintética e artificial como esta que o senhor imagina. É algo semelhante ao que ocorre com os idiomas. A toda hora surge uma cabeça privilegiada divulgando a ideia de que a heterogeneidade das línguas seria a única coisa a separar os povos; uma vez criada uma única língua universal, as pessoas entenderiam umas às outras etc. etc. Muitos idiomas sintéticos já foram inventados, dando imenso prazer aos seus adeptos, porém os povos não os utilizam, pois têm mais o que fazer e são demasiado comodistas para se esfalfarem com tais aprendizados. Além do mais, o acendrado amor que todo indivíduo tem pela língua materna e herdada o impediria de substituí-la por outra artificial. Resumindo: não há esperança para quem quer reformar a humanidade. Portanto, construí minha fé sobre a individualidade, que é capaz de ser educada e aperfeiçoada. Nesses termos, haverá sempre uma pequena elite constituída de pessoas bem-intencionadas, corajosas e dispostas ao sacrifício, para as quais foi reservado o que há de melhor e mais belo no mundo.

EVITO CONFUNDIR, EM SUA FÉ, os seguidores de uma igreja ou integrantes de uma comunidade religiosa. Para a maioria das pessoas, é bom pertencer a uma igreja e ter uma crença. Quem daí se afasta acaba encontrando uma solidão que logo faz com que muitos retornem ao convívio anterior. Somente os que chegam ao fim do caminho descobrem que entraram para uma nova, grande e invisível comunidade que engloba todos os povos e religiões; tornam-se mais pobres em dogmatismo e nacionalismo, porém mais ricos na fraternidade que reúne os espíritos de todas as épocas, nações e línguas.

NUNCA TIVE COMO PROPÓSITO MOLESTAR a crença de terceiros, tratando-se de uma crença verdadeira. Não pretendo ensinar nem bancar o sabe-tudo, mas tão somente inquietar, despertar e ativar mentes e consciências adormecidas. A rigor, no entanto, eu deveria dizer que *queria* isto, e não que *quero* isto, pois, na minha idade avançada, vejo com muito ceticismo a influência das palavras, por mais bem-intencionadas que sejam.

RESTA AINDA AQUELA GRANDE MAIORIA da humanidade que prefere obedecer a decidir, os espíritos fracos, mas de boa vontade, os que não conhecem os embates do pensamento e da consciência. Manter esta parcela em ordem, livrando-a da corrupção e da degradação e oferecendo-lhe um consolo na vida e na morte, além de muitas e lindas festas, é uma boa tarefa para Igrejas como a romana. A despeito de já terem ajudado milhões de pessoas a enfrentar a vida e torná-la mais bela, também legaram, a nós outros, um maravilhoso acervo de arquiteturas, mosaicos, afrescos e esculturas.

NA INFÂNCIA, ME DISSERAM QUE a maior vantagem do cristianismo residia na ausência de múltiplos deuses ou ídolos... Mas, na medida em que me tornei mais velho e esperto, passei a ver que a maior desvantagem desta religião está justamente no fato de não ter outros deuses e ídolos além da milagrosa Maria dos católicos. Penso que seria bem melhor, por exemplo, se os apóstolos, em vez de serem pregadores excessivamente tementes e um pouco enfadonhos, fossem deuses associados a todos os magníficos poderes e símbolos da natureza, aos quais eu só acrescentaria, como complemento simples, porém aceitável, os animais dos evangelistas.*

---

* Referência ao simbolismo contido nas Revelações de João (capítulo 4, versículos 4-8), que inspirou uma vasta iconografia, dos carolíngios do ano 820 a Michelangelo, na qual os evangelistas são associados a quatro seres alados que, por sua vez, correspondem aos signos do

No SEU PONTO DE VISTA, a magia da religião é algo ultrapassado e idiota, da mesma forma que os deuses e a mitologia não passam de tolices para um autêntico budista. A experiência, no entanto, me diz que é possível, a partir da filosofia pura e da moral, reverter, com bons resultados, aos deuses e ídolos. A sabedoria de Buda, silenciosa, sem deuses e sem imagens, requer um polo contrário, assim como, tratando-se de chaves para desvendar os mistérios do mundo, a natureza selvagem e indômita de Shiva e o sorriso infantil de Vishnu são tão bons quanto o pensamento moral e causal do Iluminado.

Obviamente, também não creio que a ortodoxia seja de fato a mãe da fogueira e dos sanguinários. Creio, isto sim, que o lado animal e demoníaco do ser humano sempre aflora com o intuito de causar morte e sofrimento, amparando-se, para este fim, em um tipo qualquer de ideologia "ortodoxa", do mesmo modo como Hitler e Stálin se valeram de ortodoxias antagônicas para servir a um só propósito.

Se a humanidade fosse apenas um indivíduo, poderia ser redimida pelo cristianismo "puro", que haveria de excomungar a Besta e o Demônio. Mas não é assim. As religiões "puras" se destinam a uma pequena e elevada casta, enquanto o povo carece de mitos e magias. Não acredito no desenvolvimento de baixo para cima. Os puros e os salvadores continuarão emergindo da obscura massa humana e só serão venerados pela maioria depois de crucificados e santificados.

Zodíaco e às forças indomáveis da natureza, a saber: a águia de João, simbolizando o signo de Escorpião e a água; o touro de Lucas, simbolizando o signo de Touro e a terra; o leão de Marcos, simbolizando o signo de Leão e o fogo; e o anjo (aqui subentendida a pomba do Espírito Santo) de Mateus, simbolizando o signo de Aquário e o ar. (*N. do T.*)

O QUE HOJE FOI SECTÁRIO
amanhã é ortodoxo.

O QUE EU DISSE AQUI e acolá sobre o cristianismo não implica a exigência de uma correção objetiva e absoluta, só possível dentro da ortodoxia que não professo... Tenho respeito por todas as religiões, mas não pela exclusividade reivindicada pelos ortodoxos.

A FÉ QUE IMAGINO NÃO é fácil de exprimir em palavras. Seria algo mais ou menos assim: por mais absurda que pareça, a vida tem um sentido, e eu me rendo ao fato de não possuir a inteligência necessária para compreender este sentido, porém estou disposto a me colocar a seu serviço, mesmo que para tanto tenha de me sacrificar. No meu interior, ouço a voz deste sentido nos momentos em que estou realmente vivo e desperto.

Em tais momentos, tento realizar tudo o que a vida exige de mim, ainda que contrariando os modismos e as leis vigentes.

Esta fé não pode ser adotada mediante ordem ou imposição. Só pode ser vivida. Assim como o cristão não pode escolher, impor ou negociar a "graça", mas tão somente vivenciá-la como crente. Quem não consegue fazê-lo vai então buscar sua fé na Igreja, na ciência, no patriotismo, no socialismo ou em qualquer outro lugar onde existam morais, programas e receitas prontas.

Não posso julgar, nem mesmo vendo com meus próprios olhos, se um ser humano está capacitado e determinado a seguir o mais belo e árduo caminho que o conduzirá a uma vida e a um sentido próprios. O chamado é ouvido por milhares; muitos percorrem parte do caminho, poucos conseguem ultrapassar os limites da juventude e talvez ninguém chegue ao seu fim.

A GRAÇA VEM E VAI. Algumas vezes a possuímos e nela vivemos; outras vezes nos parece distante, como se nunca tivesse existido. Acredito que a graça não seja aquilo que muitos teólogos, como Calvino, ensinavam, ou seja: uma exclusividade de Deus, impossível de ser obtida pelo ser humano. Quem vê um retrato de Calvino não crê que ele pudesse saber muita coisa acerca dos mistérios da graça. Acredito que a graça, o Tao ou qualquer outra denominação que lhe dermos é algo que circula a nossa volta, é a luz e o próprio Deus, e, quando por um instante nos abrimos, ela penetra em nós, sejamos crianças ou sábios. Valorizo muito a santidade, mas não sou nenhum santo; sou de um tipo muito diferente, e tudo o que sei sobre esse mistério não me foi revelado, e sim por mim aprendido e compilado, percorrendo o caminho da leitura, da reflexão e da pesquisa, que não é o mais direto e sagrado, mas é também um caminho. Seja em Buda, seja na Bíblia, seja em Laozi ou em Zhuangzi, em Goethe ou em outros poetas, sinto-me tocado pelo mistério, e, com o passar do tempo, percebo que é sempre o mesmo mistério, que vem sempre da mesma fonte, passando por todas as línguas, épocas e formas de pensamento.

O ARREPENDIMENTO, POR SI SÓ, não ajuda em nada. A graça não pode ser comprada com o arrependimento. Aliás, não pode ser comprada de forma alguma.

NÃO SE DEIXEM PRIVAR DAQUILO que fortalece sua fé, seu pensamento e sua postura diante da vida. Insistam! Todo aquele que acredita no sentido da vida e na elevada predestinação do ser humano é altamente valioso no presente caos, independentemente da sua fé e dos símbolos nos quais acredita.

NADA ME AGRADARIA MAIS QUE ver um dos meus filhos assumindo uma "atitude" ou defendendo o ideal por ele buscado com uma fidelidade e uma firmeza de caráter capazes de levá-lo a sacrificar um benefício, uma comodidade ou, em último caso, a própria vida. O *tipo* de atitude ou partido que viesse a tomar não me seria de todo indiferente, porém, eu não lhe atribuiria demasiada importância. O indivíduo disposto a se sacrificar pelo mais ingênuo dos ideais é muito superior àquele que fala com desenvoltura sobre todas as posturas e ideias, mas não é capaz de fazer o menor sacrifício por qualquer uma delas.

O MAIS IMPORTANTE, PARA MIM, não é o tipo de crença que uma pessoa professe, mas sim que ela tenha uma crença, que conheça as paixões da alma e que esteja disposta a defender sua fé e sua consciência perante todo o mundo, contra qualquer maioria ou autoridade.

CONSIDERO A DEVOÇÃO OU A piedade a maior virtude que podemos ter, mais valiosa que todos os talentos, porém o que entendo por devoção não é o cultivo de sentimentos sublimes em uma só alma, e sim, sobretudo, a piedade, o respeito do indivíduo pela totalidade do mundo, pela natureza e pelo semelhante, o sentimento de coparticipação e corresponsabilidade.

HÁ QUEM PERCEBA EM MIM uma espécie de crença, algo que me sustenta, uma herança em parte cristã, em parte humanista, baseada não apenas na educação e no intelecto. Pode estar correto, mas convém lembrar que nunca pude expressar minha fé, por maior ou menor que fosse. Acredito no ser humano como uma admirável possibilidade, que não se apaga nem mesmo na maior das imundícies, conseguindo ajudá-lo a se livrar da deterioração; acredito que esta possibilidade é tão forte e sedutora que se apresenta sempre como esperança e desafio; acredito que a força que leva o ser humano a sonhar com suas mais nobres possibilidades e o afasta da brutalidade é sempre a mesma, não importando se hoje a chamamos de religião, amanhã de razão e depois de amanhã de qualquer outra coisa. A oscilação, o vaivém entre o ser real e o possível, entre o ser possível e o imaginável, é justamente aquilo que as religiões entendem como o relacionamento entre Deus e o homem.

Esta crença no ser humano, ou seja, no fato de que a inclinação para a verdade e a necessidade de ordem lhe são inerentes e não podem ser destruídas, é o que me mantém de pé. Aliás, vejo o mundo atual como um manicômio e uma fonte de maus caminhos, frequentemente rejeitado com muito nojo, mas no qual, assim como se veem loucos e bêbados, vê-se também um sentimento: o de quanto estes sofrerão ao se voltarem, um dia, para si mesmos.

TENHO A FIRME CRENÇA DE que nosso trabalho e nossa preocupação voltados para tudo o que julgamos bom e justo não foram em vão. Quanto à maneira segundo a qual nós, as partes, somos ativados e desativados pelo todo, posso apenas fantasiar, mas nunca assumir uma posição rígida e dogmática. Fé significa confiança, e não desejo de saber.

O MUNDO NÃO É IMPERFEITO nem foi concebido para percorrer um lento caminho até a perfeição. Não. É perfeito a todo instante. Todo pecado traz consigo o perdão, toda infância, a velhice, todo recém-nascido, a morte, todo moribundo, a vida eterna. A nenhum ser é dado enxergar um outro enquanto percorre seu caminho; Buda espera o ladrão e o jogador de dados, e o ladrão espera o brâmane. Na meditação profunda, existe a possibilidade de se abstrair do tempo, de ver a um só instante as vidas passada, presente e futura, onde tudo é bom e perfeito, tudo é Brama. Assim sendo, tudo me parece bom, seja vida ou morte, pecado ou santidade, esperteza ou tolice; para que assim seja, só preciso do meu consentimento, da minha boa vontade, da minha aprovação consciente; e o que para mim é bom não me pode fazer mal. Na vida e na alma, aprendi que necessito muito do pecado, da luxúria, da ganância, da vaidade e da mais ignominiosa das dúvidas para aprender a abrir mão da resistência, a amar o mundo e a não mais compará-lo a um modelo qualquer por mim arquitetado e pretendido, a um tipo de perfeição por mim idealizada, deixando-o ser como é, amando-o e sentindo prazer em dele fazer parte.

DO PONTO DE VISTA HINDU, isto é, no contexto dos upanixades e de toda a filosofia pré-budista, meu semelhante não é apenas "um ser igual a mim", mas sim o Eu que comigo forma uma unidade, pois a separação entre mim e ele, entre Eu e Tu, é ilusória, é maia. Com esta interpretação, esgota-se também o sentido ético do amor ao próximo, pois quem já percebeu que o mundo é uma unidade tem plena consciência de que não faz nenhum sentido uma parte componente do todo fazer mal à outra.

OS LIMITES QUE TRAÇAMOS PARA nossa personalidade são sempre demasiado curtos! Só consideramos parte da nossa pessoa aquilo que nos individualiza e nos torna diferentes. Somos feitos, cada um de nós, da mesma matéria que compõe o mundo, e, assim como nosso corpo encerra os caracteres genéticos do desenvolvimento da espécie desde o peixe e outros ancestrais ainda mais remotos, nossa alma também reúne toda a experiência das almas humanas. Todos os deuses e demônios que já existiram, seja entre gregos e chineses, seja entre negros zulus, estão em nós, como possibilidades, desejos e saídas. Se a humanidade sucumbisse, deixando para trás apenas uma criança medianamente dotada e que jamais tivesse frequentado uma escola, esta criança haveria de reencontrar o caminho das coisas, e tudo — deuses, demônios, paraísos, mandamentos, proibições, velhos e novos testamentos — seria novamente produzido.

O SENHOR FALA DO "EU" como se fosse uma grandeza absoluta e conhecida, o que não procede. Em cada um de nós há dois eus, e aquele que souber onde um começa e o outro termina é verdadeiramente um sábio.

Se observarmos bem, nosso Eu subjetivo, empírico e individual se apresenta sempre muito alegre, mutante, dependente do exterior e sujeito a influências. Não pode, portanto, ser uma grandeza quantificável, e muito menos unidade de medida ou voz interior. Este "Eu" não nos ensina coisa alguma, agindo como se fôssemos, segundo diz a Bíblia, uma estirpe das mais fracas, teimosas e desesperançadas.

Mas há o outro Eu, escondido no primeiro e a ele misturado, porém impossível de ser com ele confundido. Este segundo, sublime e sagrado Eu (o Atmã dos hindus, que o senhor equipara a Brama) não é pessoal, mas sim nossa parte em Deus, na vida, no todo, no impessoal e no suprapessoal. Seguir este Eu e a ele se dedicar valem mais que tudo. Mas é difícil, pois este Eu eterno é calado e paciente, enquanto o outro é indiscreto e impaciente.

Uma parte das religiões consiste em conhecimentos sobre Deus e o Eu; a outra, de práticas religiosas e exercícios sistematizados que visam à independência em relação ao alegre Eu privado e à aproximação com a divindade em nós existente.

Creio que uma determinada religião é quase tão boa quanto qualquer outra. Não existe aquela na qual não se possa ser um sábio, nem aquela na qual não se possa praticar a mais estúpida das idolatrias. Além disso, as religiões reúnem quase todo o saber autêntico, principalmente nos mitos. Toda mitologia é "falsa" quando a vemos como algo diferente de devoção, mas cada qual é uma chave para o coração do mundo, cada qual conhece o caminho para transformar a idolatria do Eu em culto divino.

Só DEUS É PERFEITO. TUDO o mais que existe é metade, é parcial, é promessa, é mistura e se constitui em possibilidades. Deus, no entanto, não é mistura, é unidade; não encerra possibilidades, mas tão somente realidade. Nós, porém, somos transitórios, somos promessas, somos possibilidades; para nós, não há perfeição, não há plenitude. Todavia, quando caminhamos da potencialidade para a ação, da possibilidade para a realização, fazemos parte do ser verdadeiro e nos aproximamos um pouquinho mais do perfeito e do divino. A isto se chama se realizar.

O QUE É BOM TODOS sabem, pois está nos mandamentos. Porém Deus não está somente nos mandamentos, que são a menor parte d'Ele. O senhor pode seguir os mandamentos e estar longe de Deus.

SEM O PROCESSO DE INDIVIDUALIZAÇÃO, responsável pela realização da personalidade, não há vida elevada. E neste processo, que consiste apenas na fidelidade a si próprio, só há um grande inimigo: a convenção, a inércia, a burguesia. Antes enfrentar todos os diabos e demônios que se curvar ao espírito mentiroso do convencional! Este é um ponto de vista protestante, dos tempos da juventude, que até hoje conservo quando o assunto é a realização da individualidade.

O senhor já deve ter visto que também conheço o outro lado desta missão e predestinação, o maior e divino, a superação da personalidade e a imposição de Deus. Até eu vejo isto... não como contradição, mas sim como uma etapa do mesmo caminho.

O CAMINHO MAIS CURTO ATÉ a santidade pode ser uma vida de libertinagem.

Eu mesmo aprendi, com os pensadores indianos, a estabelecer a diferença entre ser e fazer, e a identificar, no "criminoso", um possível santo...

Porém, é preciso ter cuidado com o conceito de que tudo gira em torno da intenção, e não da ação. A ideia é boa e correta para povos e indivíduos maduros, mas não para os imaturos. A vulgarização das "boas obras" e a justificação pura e simplesmente "em nome da fé" já eram, nos tempos de Lutero, façanhas perigosas e até mesmo atrevidas, responsáveis pela perpetração de incríveis males. Os alemães, incluindo os de hoje, realmente não são um povo ao qual se possa pregar que a ação não interessa e que tudo se justifica quando a intenção é boa. Para a maioria, a "intenção" poderá ser um patriotismo autêntico ou pretendido, e, amanhã, em nome da pátria etc., estariam todos novamente dispostos a cometer os mesmos crimes cujas consequências hoje ameaçam o povo de extinção.

Os santos... os santos são a "elite" das culturas e da história universal, que se diferencia das pessoas "normais" graças ao fato de que sua vocação e sua dedicação ao suprapessoal não decorre da falta de personalidade e singularidade, mas sim de um *plus* em termos de individualidade.

Sou individualista e considero que o respeito dos cristãos pelas almas é o que há de melhor e mais sagrado no cristianismo. Com isto, é possível que eu me inclua em um mundo semiextinto, que concebe um ser coletivo sem alma individual, já presente aqui e acolá, capaz de aniquilar todas as tradições religiosas e individualistas da humanidade. Desejar ou temer tais coisas não é problema meu. Minha obrigação é servir aos deuses que julgo dotados de vitalidade e solicitude, o que venho tentando fazer até mesmo onde recebo, como resposta, o escárnio e a hostilidade. O caminho que tive de percorrer entre as exigências do mundo e da minha própria alma não foi o mais belo e confortável, e eu não gostaria de fazê-lo novamente; termina em tristeza e, não raro, grande decepção. No entanto, concordo que, após o primeiro despertar, não fui capaz, como a maioria dos meus colegas e críticos, de me reciclar periodicamente, mudando desta para aquela bandeira.

SEGUNDO MINHA EXPERIÊNCIA, O MAIS terrível inimigo e corruptor do ser humano é a ânsia — baseada na preguiça mental e na carência de tranquilidade — pelo coletivo, pela comunidade onde reina absoluta rigidez dogmática, seja política ou religiosa. Nos tempos de desesperança que hoje vivenciamos, vemos velhos intelectuais, cansados da sua atividade, se converterem e se refugiarem em uma igreja qualquer, católica ou comunista, posto que há bastante das duas. Não levo a mal os que já não suportam a carga sozinhos. Não obstante, dediquei toda a minha vida a ler e escrever sobre o ser individual e não sobre o coletivo, e, se todo esse esforço não foi em vão, devo seu produto a algumas dezenas de leitores que realmente caminharam comigo e se sentiram por mim influenciados, amparados e mantidos, pessoas solitárias como eu, de mente aberta e protegida contra a retórica e a hipnose coletiva, dispostas a se sacrificar pelo próximo; porém, desconfiadas de programas, ligas e comunidades. Ao longo da minha vida, nada mais fiz do que apoiar estas poucas pessoas, este punhado de discípulos e amigos, na sua luta em prol de uma existência digna e corajosa.

O QUE SIGNIFICA "COSMOVISÃO"? O senhor parece vê-la como algo sólido, uma espécie de crença passível de formulação dogmática, segundo a qual um ser humano deveria ter, durante toda a vida ou mesmo apenas em algumas épocas dela, uma determinada "visão do mundo". Acontece que nós, os poetas, não somos assim tão medíocres, como esperamos que também a maioria das outras pessoas não o seja. A maneira como a gente "olha o mundo" pode mudar a cada dia, a cada hora, exatamente como a figura ou a paisagem dez vezes pintada pelo mesmo artista e que resulta, cada vez, em um quadro novo e totalmente diferente.

Por detrás dessas visões mutáveis pode haver, sem dúvida, uma crença, religiosa ou pseudorreligiosa, católica ou pietista, marxista ou de qualquer outra natureza. Não é meu caso. Todavia, considerando que fui criado à luz de uma religião viva e no seio de uma comunidade beata, restou em mim, mesmo após o gradativo afastamento de todas as fórmulas religiosas, o anseio por algum tipo de religiosidade. Neste ponto, o pensamento indiano foi o que sobre mim exerceu a mais forte atração: a crença na unidade de todos os viventes, associada à "peregrinação da alma", que para mim não é uma fé, mas uma imagem sagrada e extremamente fecunda.

Muitas vezes

MUITAS VEZES, SE UM PÁSSARO canta
E o vento vem as árvores agitar,
Ou se um cão ladra no pátio distante,
Sinto necessidade de ouvir e calar.

Minha alma retorna
A milhares de anos atrás,
Quando o pássaro e o vento,
Como eu e meus irmãos, eram iguais.

Minha alma se transforma em árvore,
Animal ou nuvem a passar.
Diferente e estranha, retorna
E pergunta por mim. Que resposta devo dar?

O SENHOR PERTENCE A UMA Igreja e a uma ordem instituída, e concordo plenamente que deva nelas permanecer, usufruindo suas grandes bênçãos...

A vida o levará a situações em que a problemática da mais consolidada ordem também será exposta. Para citar um exemplo atual, o senhor pode ser convocado para o serviço militar e preparado para enfrentar qualquer inimigo. Matando o inimigo, o senhor terá como aliados seu pároco, sua Igreja e sua pátria. Ao mesmo tempo, no entanto, terá contra si o mandamento divino de não matar. O que deve seguir, se o mandamento de Deus ou o da Igreja e da pátria, será um problema da sua consciência.

O SENHOR LOUVA O DEUS da Igreja porque ele oferece às pessoas uma moral clara e passível de comprovação na prática. Os padres alemães que se juntaram às multidões de Hitler dizem o contrário, assim como os arcebispos italianos que batizaram e abençoaram os aviões e os navios de guerra de Mussolini. E dizem ainda mais: a Igreja e seu Deus jamais protegem as pessoas, aí incluídas as sumas autoridades eclesiásticas, contra os mais grosseiros desvios morais.

O PRINCÍPIO DA NÃO VIOLÊNCIA vem, para mim, em primeiro lugar... Entendo muito de tolerância, paciência e outras virtudes passivas, mas pouco sei sobre lutas. A oposição que fiz durante toda a minha vida não visou a um objetivo real, mas sim o de um religioso que sempre foi frontalmente contrário ao "mundo" e para o qual todo partido e toda tentativa de impor algo a terceiros são suspeitos. Neste particular, estou sempre sozinho, pois minha "religião" não tem matizes confessionais, brotando de fontes hindus, chinesas, cristãs e judaicas.

O DESAFIO CRISTÃO (TAMBÉM INDIANO, em parte) de não se opor ao mal, deixando-se matar sem oferecer resistência, é algo que cada um deve propor a si mesmo, nunca a terceiros. As terríveis deturpações e fracassos impostos ao pensamento cristão no decorrer da história universal provêm todos, creio eu, do fato de que sempre visaram à pessoa, ao indivíduo e à alma isolada. Somente o indivíduo é capaz de se sacrificar e lutar contra os impulsos naturais para atingir o impossível. As comunidades ou povos não podem fazê-lo, não querem ser regidos por normas puramente idealistas, preferindo o tratamento à base de concessões e adaptações de cunho essencialmente prático.

Quanto a isto, a ética judaica é bem mais realista, e o desafio judeu à prestação de contas, bem mais prático e factível, uma vez que seu objetivo não se volta para o outro mundo, e sim para a regulamentação mais decente possível do cotidiano das pessoas.

NÃO PARTILHO UM SÓ DOS ideais do nosso tempo, mas nem por isso sou um descrente. Creio nas leis que regem a humanidade há milênios, e creio que sobreviverão ao tumulto dos dias atuais.

Não posso apontar um caminho que permita às pessoas se manterem fiéis aos ideais humanitários que considero eternos e, ao mesmo tempo, acreditarem nos ideais, nos objetivos e nos consolos do presente, e também não tenho a menor vontade de fazê-lo. Em contrapartida, passei a vida inteira experimentando diversos caminhos nos quais se pode superar o tempo e desfrutar uma existência atemporal (dentre esses caminhos, alguns foram por mim apresentados de maneira divertida, e outros, de maneira muitas vezes séria).

Quando me encontro com jovens leitores de *O Lobo da Estepe*, por exemplo, frequentemente tenho a impressão de que levam muito a sério tudo o que há no livro com referência às loucuras do nosso tempo; no entanto, percebo também que nada veem — ou pelo menos não acreditam — naquilo que para mim é mil vezes mais importante. De nada adianta, entretanto, considerar a guerra, a tecnologia, a ganância etc. como aspectos de somenos importância. É preciso substituir os ídolos contemporâneos por uma crença. E isto eu sempre fiz: em *O Lobo da Estepe*, há Mozart, os imortais e o teatro mágico; em *Demian e Sidarta*, encontram-se os mesmos valores, com outros nomes.

Com fé naquilo que Sidarta chama de amor e com a crença de Harry nos imortais é possível viver, e disto tenho certeza. Com esta fé, pode-se não apenas suportar a vida mas também sobrepujar o tempo.

Citações

5 "Sobre a unidade", citado conforme aparece em H. Hesse, *Kurgast*. Escrito em 1923. Obras compiladas, vol. 7, p. 61 e seguinte, 108-11 e seguintes.

9 Citado conforme aparece em "Geist der Romantik", em H. Hesse, *Kleine Freuden*, Frankfurt am Main, 1977, p. 202 e seguintes.

11 Citado conforme resenha em Obras compiladas, vol. 12, p. 348 e seguinte.

12 Citado conforme aparece em *Ausgewählte Briefe*, Frankfurt am Main, 1974, p. 433.

13 Citado conforme aparece em *Ausgewählte Briefe*, idem, p. 307 e 267.

14 Citado conforme aparece em *Ausgewählte Briefe*, idem, p. 285.

14 "Confissão", escrito em 1918. Conforme aparece em H. Hesse, *Die Gedichte*, Frankfurt am Main, 1977.

15 "A religião dos antigos egípcios", escrito em 1915. Resenha, vide H. Hesse, *Die Welt im Buch*, vol. 2, Frankfurt am Main, 1998, p. 545 e seguintes.

20 "De uma Coleção de Esculturas Egípcias", escrito em 1913. Conforme aparece em *Die Gedichte*, idem.

22 "A lenda do rei hindu", escrito em 1907. Conforme aparece em H. Hesse, *Legenden*, Frankfurt am Main, 1975, p. 116 e seguintes.

26 Citado conforme aparece em H. Hesse, *Sidarta*. Escrito em 1920-1922. Obras compiladas, vol. 5, p. 462 e seguinte.

27 Citado conforme aparece em *Sidarta*. Obras compiladas, vol. 5, p. 465, 460 e seguinte e 439.

27 "Da Índia e sobre a Índia", escrito em 1925. Edição parcial. Conforme aparece em *Kleine Freuden*, idem, p. 162 e seguinte.

30 "Antiquíssima Imagem de Buda...", escrito em 1958. Conforme aparece em *Die Gedichte*, idem.

31 Citado conforme aparece em *Ausgewählte Briefe*, idem, p. 473 e 172.

31 Citado conforme aparece em *Ausgewählte Briefe*, idem, p. 526.

32 "Robert Aghion", escrito em 1912. Conforme aparece em H. Hesse, *Gesammelte Erzählungen*, Frankfurt am Main, 1977.

73 Citado conforme aparece em *Ausgewählte Briefe*, idem, p. 515.

73 Citado conforme aparece em *Gesammelte Briefe*, vol. 3, p. 323.

73 Citado conforme aparece em *Gesammelte Briefe*, vol. 2, p. 9.

74 Citado conforme aparece em H. Hesse, *Demian*. Escrito em 1917. Obras compiladas, vol. 5, p. 110.

74   Citado conforme aparece em *Gesammelte Briefe*, vol. 1, p. 468.

75   Citado conforme aparece em *Ausgewählte Briefe*, idem, p. 465.

75   Conforme resenha manuscrita não publicada.

76   "Harmonia entre pensamento lógico e intuitivo", conforme resenha em Obras compiladas, vol. 12, p. 20 e seguintes e 23.

79   Conforme carta não publicada, de 1946-47.

79   "Lembrança da Ásia", escrito em 1914. Conforme aparece em *Kleine Freuden*, idem, p. 108 e seguintes.

83   Citado conforme aparece em *Gesammelte Briefe*, vol. 2, p. 50 e seguinte.

85   *Igrejas e capelas de Ticino*, escrito em 1920. Conforme aparece em H. Hesse, *Die Kunst des Müssiggangs*, Frankfurt am Main, 1973, p. 198 e seguintes.

86   "Provérbio", escrito em 1908. Conforme aparece em *Die Gedichte*, idem.

90   "Caminho para o Interior", escrito em 1919. Conforme aparece em *Die Gedichte*, idem.

91   "Capelas", conforme aparece em H. Hesse, *Wanderung* (1920), Obras compiladas, vol. 6, p. 157 e seguintes.

93   "Toda Noite", escrito em 1912. Conforme aparece em *Die Gedichte*, idem.

94   Citado conforme aparece em *Gesammelte Briefe*, vol. 1, p. 264.

94   Citado conforme aparece em *Ausgewählte Briefe*, idem, p. 221.

95   "No Albergue Noturno", conforme aparece em *Die Gedichte*, idem.

95 "Execução", escrito em 1908. Conforme aparece em *Legenden*, idem, p. 122 e seguinte.

97 "O Salvador", escrito em 1940. Conforme aparece em *Die Gedichte*, idem.

98 "Dependência", citado conforme aparece em *Ausgewählte Briefe*, idem, p. 439 e seguintes.

100 "Música de Órgão", escrito em 1937. Conforme aparece em *Die Gedichte*, idem.

106 Citado conforme aparece em *Ausgewählte Briefe*, idem, p. 31 e seguintes.

108 Citado conforme carta não publicada, escrita por volta de 1931.

108 Citado conforme carta não publicada, de 1947.

108 "O Solitário a Deus", escrito em 1914. Conforme aparece em *Die Gedichte*, idem.

111 Citado conforme aparece em *Ausgewählte Briefe*, idem, p. 332 e seguintes.

112 Citado conforme aparece em *Gesammelte Briefe*, vol. 2, p. 93.

113 Citado conforme aparece em *Ausgewählte Briefe*, idem, p. 421 e seguinte e p. 299 e seguintes.

115 "Tentativas modernas de encontrar novos significados", escrito em 1926. Conforme aparece em *Kleine Freuden*, idem, p. 181 e seguintes.

122 Citado conforme aparece em *Gesammelte Briefe*, vol. 2, p. 409 e seguinte.

123 Excerto de "Chinesische Betrachtung", escrito em 1921. Obras compiladas, vol. 10, p. 68 e seguinte.

125 Excerto de "Chinesisches". Escrito em 1926. Conforme aparece em *Kleine Freuden*, idem, p. 176 e seguinte.

126 "Levando a Vida...", escrito em 1907. Conforme aparece em *Die Gedichte*, idem.

127 "Minha crença", escrito em 1931. Conforme aparece em *Betrachtungen*, Obras compiladas, vol. 10, p. 70 e seguintes.

131 "Consciência", escrito em 1933. Conforme aparece em *Die Gedichte*, idem.

133 "Um pouquinho de teologia", escrito em 1932. Conforme aparece em *Betrachtungen*, Obras compiladas, vol. 10, p. 74 e seguintes.

148 "Zen", escrito em 1960-61. Edição privada, St. Gallen 1961. Excerto em *Die Gedichte*, idem, e H. Hesse, *Briefe an Freude*, Frankfurt am Main, 1977, p. 233 e seguintes e 237 e seguintes.

164 Citado conforme aparece em *Ausgewählte Briefe*, idem, p. 137 e seguinte.

165 Citado conforme aparece em *Gesammelte Briefe*, vol. 2, p. 52.

166 Citado conforme aparece em *Ausgewählte Briefe*, idem, p. 389 e seguinte.

166 Citado conforme aparece em *Ausgewählte Briefe*, idem, p. 275 e 467.

167 Citado conforme aparece em *Ausgewählte Briefe*, idem, p. 513.

168 Citado conforme aparece em *Ausgewählte Briefe*, idem, p. 523 e 522.

169-170 Citado conforme aparece em *Ausgewählte Briefe*, idem, p. 183 e seguinte, conforme aparece em *Kurgast*, Obras compiladas, vol. 7, p. 90.

171 Citado conforme aparece em *Ausgewählte Briefe*, idem, p. 182, 455 e 43 e seguinte.

171 Citado conforme aparece em *Ausgewählte Briefe*, idem, p. 534 e seguinte.

172 Citado conforme aparece em H. Hesse, "Viagem ao Oriente". Escrito em 1930/31. Obras compiladas, vol. 8, p. 334.

172 Citado conforme aparece em *Gesammelte Briefe*, vol. 2, p. 244.

172 Conforme resenha em Obras compiladas, vol. 12, p. 286 e seguintes.

173 Citado conforme aparece em *Ausgewählte Briefe*, idem, p. 144.

173 Citado conforme aparece em *Ausgewählte Briefe*, idem, p. 176 e seguinte.

174 Citado conforme aparece em *Ausgewählte Briefe*, idem, p. 170 e seguinte, e em *Sidarta*, Obras compiladas, vol. 5, p. 464.

174-175 Citado conforme aparece em *Ausgewählte Briefe*, idem, p. 254, e em *Demian*, Obras compiladas, vol. 5, p. 105.

175-176 Citado conforme aparece em *Ausgewählte Briefe*, idem, p. 203 e seguinte.

176 Citado conforme aparece em H. Hesse, *Narciso e Goldmund*. Escrito em 1927-29. Obras compiladas, vol. 8, p. 286 e 37.

177-178 Citado conforme aparece em *Gesammelte Briefe*, vol. 2, p. 48, e em *Narciso e Goldmund*, Obras compiladas, vol. 8, p. 36.

179 Citado conforme aparece em *Ausgewählte Briefe*, idem, p. 248 e 457.

179 Citado conforme aparece em Obras compiladas, vol. 10, p. 547, e em *Ausgewählte Briefe*, idem, p. 319.

181 Citado conforme aparece em *Ausgewählte Briefe*, idem, p. 454 e seguinte.

182 "Muitas Vezes", escrito em 1906. Conforme aparece em *Die Gedichte*, idem.

182-183 Citado conforme aparece em *Ausgewählte Briefe*, idem, p. 468 e 221.

183-184 Citado conforme aparece em *Gesammelte Briefe*, vol. 2, p. 387, e em *Ausgewählte Briefe*, idem, p. 387 e 53.

Este livro foi composto na tipografia Palatino
LT Std em corpo 11,5/16,5, e impresso em
papel off-white no Sistema Cameron da
Divisão Gráfica da Distribuidora Record.